Reni Dammrich

WASCHTAG
UND ANDERE KATASTROPHEN

AF198761

Bibliografische Informationen der Deutschen Nationalbibliothek:
Die Deutsche Nationalbibliothek verzeichnet diese Publikation in der Deutschen Nationalbibliografie; detaillierte bibliografische Daten sind im Internet über http://dnb.de abrufbar.

© 2. Auflage: September 2017

© Coverbild: Reni Dammrich
© Illustrationen: Reni Dammrich
Layout: Reni Dammrich

http://www.reni-dammrich-geschichtenzauber.de/

Herstellung und Verlag:
BoD – Books on Demand, Norderstedt
ISBN: 9783744897730

Inhalt:

Der ganz normale Wahnsinn

Kennen Sie den ganz normalen Wahnsinn eines freien Tages? Nein?? Na dann kommen Sie mal mit.

Montagmorgen, fünf Minuten vor dem Weckerklingeln, kam mein Hund wie üblich, vier Uhr fünfundzwanzig an mein Bett. Das tägliche Ritual, mit leisem Winseln und Wange beschnüffeln, nahm seinen Lauf. Ein paar Minuten später Gassi-Runde mit dem Vierbeiner. Trotz freiem Tag hatte ich nun mal versprochen, meinen Mann in die Firma zu fahren. Kein Problem, ich bin ja Frühaufsteher.

Bis zum Frühstück alles wie immer – gut. Kaum hatte ich das Haus verlassen, ging der Ärger los. Zwei Stufen an der Treppe zum Parkplatz waren locker und zudem dezent überfroren. Am Auto waren die Scheiben vereist und die Handschuhe lagen irgendwo in der Wohnung. Mist! Also tapfer kratzen und Zähne zusammen beißen.

Zähne zusammen beißen? Schön wär´s – schon am Freitagabend hatten mich Zahnschmerzen eiskalt erwischt. Egal – irgendwann hatte ich freie Sicht und wir konnten losfahren. Bis zur Arbeitsstelle meines Mannes ging es auch ganz gut, aber dann… Sieben Uhr sollte das Fahrzeug in der Werkstatt sein. Bei DEM Eis auf der Straße ein kleines Kunststück.

Dass es noch eine Steigerung gab, stellte ich dann auf dem Parkplatz der Werkstatt fest. Also raus aus dem Auto und rein an die Anmeldung.

„Was? Sie haben einen Termin? Steht aber nicht im Buch?"

Mir fror das Lächeln ein. Ich hatte schließlich wenige Tage vorher noch einen Anruf vom Autohaus bekommen, wo ich an meinen Termin erinnert worden war.

„Zum TÜV wollen Sie? Na, lassen Sie das Auto mal da."

Uff. Warum nicht gleich so. Der Meister nahm die Daten des Autos auf und fragte nach Wünschen zur Durchsicht. Aber ja, na klar hatte ich die. Es waren ja extra zwei Gasdruckfedern für die Kofferraumklappe für diesen Tag bestellt worden. Und der Warnblinkschalter hatte sich neulich auch für immer verabschiedet.

O.k. also kurz Auto anschauen, Schlüsselübergabe und nix wie weg, in Richtung Zahnarzt.

Genau fünf Minuten nach Sprechstundenbeginn kam ich an der Haustür an. Eine andere Patientin rüttelte gerade an ihr – zu. Zu? Wieso denn das nun wieder? Oben brannte Licht und das Schild sagte: Sprechstunde ab sieben Uhr dreißig. Also noch mal an der Tür rütteln – zu, tatsächlich zu. Ich klingelte. Die Sprechstundenschwester fragte nach meinem Begehr.

„Ich würde gerne in die Sprechstunde kommen…"

„Na dann tun Sie es doch. Die Tür klemmt nur ein bisschen."

Ein bisschen??? Na meinetwegen. Mit vollem Krafteinsatz mit der Tür ins Haus. Es funktionierte. Nun konnte ich endlich zur Behandlung gehen, aber auch wieder nicht. Eine langwierige Operation war gerade im Gange und so musste ich, trotz der lästigen Schmerzen wieder gehen.

Na dann, bis vierzehn Uhr dreißig. Ich hatte ja keine andere Wahl. Mit hängenden Ohren trabte ich nach Hause und ließ mich von meinem Hund trösten.

Da klingelte das Telefon. Man hatte soeben mein Auto durchgecheckt und defekte Querlenker und ein Ölleck festgestellt.

„Und der Preis? Oh Gott!! Hilft ja alles nichts, machen sie es, sonst komme ich doch nicht durch den TÜV."

Fünfhundert Euro – kein Kommentar. Zeit zum darüber Nachdenken hatte ich auch nicht, der ganze Tag war mit Terminen gespickt. Also raffte ich die Manuskriptblätter, die schon lange für den Verlag binden lassen wollte und eilte aus dem Haus. Schnell die Treppe rauf zum Computerladen gleich um die Ecke.

„Äh – können Sie es da lassen? Ich hab jetzt keine Zeit. Holen Sie es Mittag wieder ab."

Na gut, passte halbwegs in den Kram. Raus aus dem Geschäft und ab zum Bus, den ich gerade noch von Ferne wegfahren sah. Sch…!

Nach einer Viertelstunde kam endlich der nächste Bus. Rein in die Stadt, raus aus dem Bus und geradenwegs in den T-Punkt. Nichts, wie wieder raus, der Laden war voll. Keine Zeit – Termine! Nächste Station Fotograf.

„So, Sie brauchen also Ihr Foto inklusive CD? Kostet bei uns fünfzig Euro."

Ich war schneller zur Tür wieder raus als ich drin war! Au weia. Also ab zur nächsten Anlaufstelle.

„Nein, die Kollegin ist heute nicht da. Rufen Sie doch noch mal wegen einem Termin an."

Also ab durch die Mitte und noch mal zum T-Punkt. Diesmal war das Geschäft leer, das hatte mir am Ende aber doch nichts genutzt. Die gesuchte Software gab es nur in Verbindung mit einem neuen Handy.

Ein kurzer Blick auf die Uhr und flink in den nächsten Bus zur Heimfahrt. Schließlich wartete das Manuskript auf seine Abholung. Dachte ich jedenfalls. Im Geschäft brannte Licht aber die Tür war zugeschlossen. Wie ein begossener Pudel zog ich ab. Und noch eine halbe Stunde bis zum Zahnarzttermin!

Heim rennen, Zähne noch mal putzen und ab zum Doc. Und weil ich es schon zweimal da war, durfte ich auch zwei Tage später noch mal wiederkommen. Es war kein Loch, sondern eine hässliche Entzündung. Fünfzehn Uhr fünfzehn beim Arzt wieder raus, den ganzen Weg zurück zum Computerladen, das Manuskript greifen, Kehrtwendung, ab in die Gegenrichtung, weil der Bus in der Nähe der Zahnarztpraxis abfährt und ich sechzehn Uhr das Auto abholen sollte.

Fast pünktlich ins Autohaus rein und die Rechnung bezahlt. Na wenigstens hat einmal was am heutigen Tag geklappt.

Dachte ich.

Als ich dann im Auto saß und vom Hof fahren wollte, dachte ich es nicht mehr. Mich hatte der Teufel geritten und ich wollte meinen schönen neuen Warnblinkschalter testen. Es blieb beim Wollen. Hm. Wie jetzt? Ich machte Licht und schaute genauer hin. Zwei Minuten später stand ich wieder an der Annahme und reklamierte den Schalter.

„Schalter? Der stand gar nicht auf dem Auftrag. Den haben wir nicht gewechselt."

Mein Unterkiefer war inzwischen fast an den Schuhspitzen angekommen. Eine Stunde und eine Rechnung später, konnte ich mein Auto mit neuem Schalter mit nach Hause nehmen.

Ich freute mich riesig auf einen geruhsamen Abend. Ja aber nicht gleich, schien sich da jemand gedacht zu haben. Ich schloss die Tür auf und stand in einer Hundepfütze. Den armen Kerl hatte ich in der ganzen Aufregung fast vergessen und ausgerechnet heute kam auch noch mein Mann später heim.

Wie gesagt, es war ein ganz normaler freier Tag, dieser 10.12.2007.

Der Wahnsinn geht weiter

Haben Sie schon mal den Spruch gehört: „Wenn es dem Bettelmann schlecht geht, dann verliert er das Brot aus dem Sack?" Nun – manchmal hat der Bettelmann bald keinen Sack mehr, aus dem er etwas verlieren könnte.

Wie immer flog ich etwa sechs Uhr dreißig beim Wachschutz ein, um den Schlüssel zu holen und wie immer stellte ich das Auto gleich neben dem Pförtnerhäuschen ab. Kurzer Schwatz mit dem Diensthabenden und dann ab ins Auto, um auf den Parkplatz zu fahren. Also Zündschlüssel rein und ab dafür.

Denkste! Zündschlüssel rein ging ja noch, ab mit „ab dafür" war nicht viel. Der Schlüssel saß wie Ochse im Zündschloss und ließ sich nicht einen Millimeter drehen. Hm! Wie jetzt? Lenkradschloss eingerastet? Nicht wirklich – es ging buchstäblich nichts mehr. Sch…!

Also raus aus der Möhre, hin zum Wachschutz und um eine Telefonverbindung zur nächsten Werkstatt bitten. Na gut, der Meister versprach mir, für sieben Uhr einen Mechaniker zum Auto zu schicken. Also flugs den Firmenschlüssel greifen und aufschließen, den Kollegen Bescheid geben und schnell wieder zum Auto zurück laufen – zweimal quer durchs Gewerbegebiet.

Kurz darauf erschien auch schon der rettende Engel. Dachte ich. Es gab nicht viel zu retten, das Auto musste Huckepack in die Werkstatt. Schöner Mist! Zündschloss komplett hinüber. Als nach vier Tagen das Auto noch immer nicht fertig war, wurde ich unruhig.

Der Ärger kam knüppeldick. Auch die Platine, die die Lenkradsperre und den ganzen Kram steuert, hatte sich verabschiedet. Nach genau einer Woche und einer fetten Rechnung konnte ich den Straßenhobel wieder in Empfang nehmen. Endlich wieder fahren! Schließlich hat man die zwei Beine zum Bremsen und Gasgeben und nicht zum Laufen, besonders wenn sie so kurz sind wie meine.

Außerdem war es gerade wieder empfindlich kalt geworden und ohne Auto ist man ja beinahe überall im Nachteil. Besonders wenn es um Transportfragen geht. Also packte mein Mann am Sonntag das ganze Altpapier ins Auto, damit ich gleich am Montag zur Annahmestelle fahren konnte.

Gekonnt hätte – wenn ich gekonnt hätte. Schon am Montagmorgen, als wir den Arbeitsweg antreten wollten, wollte das Auto nicht mehr. Batterie tot – ohne Vorwarnung. Also zum Bus rennen und gerade noch pünktlich zur Arbeit kommen.

Ich. Mein Mann hat ein paar Kilometer weiter von der Endhaltestelle aus zu laufen. Nach der Arbeit Batterie kaufen und zwei Kilometer nach Hause schleppen. Motorhaube auf und Halterungen lösen.

Mann, träume weiter! Nix lösen. Außer Rost auf der Schraube, hatte die Stelle, an der die Batteriehalterung sitzt, so eine geniale Bauweise, dass man gar nicht oder nur mit einem überlangen dreizehner Steckschlüssel ran kommt. Also noch einen Tag mit dem Bus in die Firma fahren und warten bis der Gatte einen brauchbaren Schlüssel gebastelt hat. Dann flutschte die Sache und mit der neuen Batterie fuhr die Kutsche wieder.

Aber noch war nicht das letzte Wort gesprochen. Am Freitag der gleichen Woche verabschiedete sich der Motor des Heckscheibenwischers in aller Stille. Jetzt weiß ich endlich warum es „Erlebnis Auto" heißt….

Der absolute Wahnsinn

Kennen Sie den Spruch: „Das Auto ist der edelste Körperteil des Mannes?"

Es soll auch Frauen geben, die so denken. Vielleicht gehöre ich dazu. Egal. Jedenfalls hänge ich an unserem Auto. Eigentlich wollten wir zusammen alt werden. Eigentlich. Seit ein paar Tagen ist dieser Glauben tief erschüttert.

Nichts Böses denkend stieg ich ein. Wie jeden Morgen, wenn es mich zur Arbeit bringen sollte.

Ich steckte den Zündschlüssel ins Schloss und versuchte den Passat zu starten. Er versuchte ja auch anzuspringen, dabei blieb es aber auch schon. Das Auto litt und ich mit ihm. Menschlich gesprochen, wand es sich in Fieberkrämpfen. Mühsam kam es zum Laufen, schleppte sich bergab an die Tankstelle, um stur wie ein Esel an der Zapfsäule stehen zu bleiben.

Wieder ließ es sich bitten, fuhr ein paar Meter, ging aus. Sprang nach vielen Mühen wieder an, um an der nächsten Kreuzung wieder den Dienst zu verweigern. Mal stand es vor, mal auf, mal hinter der Kreuzung, um zu überlegen, ob es weiterfahren sollte oder nicht. Ich versuchte mit der Warnblinkanlage den vielen netten Zeitgenossen klar zu machen, dass Auto und ich ein Problem hatten.

Irgendwie interessierte mich nach der dritten Kreuzung das Gehupe nicht mal mehr analperipher, um nicht zu sagen, es ging mir voll am Arsch vorbei. Mühsam tuckerten wir vorwärts. Noch mühsamer erklommen wir gemeinsam die steile Zufahrt zur Werkstatt. In der Parklücke hauchte das Auto seine letzte Kraft aus. Ich auch. Ich hatte den Kanal gestrichen voll.

Und das gleich doppelt. Ich habe es noch nie geschafft schönes Wetter zu haben, wenn das Auto muckt. Auch heute schneite und regnete es wie irre durcheinander, überall standen Pfützen und ich musste mit dem Bus weiter, voll beladen mit einer großen Tasche und einem Beutel. Ich konnte nicht einmal in der Firma anrufen, um zu sagen, dass ich später komme.

Kurz vor dem Pförtnerhäuschen gabelte mich mein Chef auf und nahm mich die letzten hundert Meter im Auto mit.

Gegen Mittag kam der Anruf aus der Werkstatt. „Sie können Ihr Auto holen."

Na Gott sei Dank!

Einer unserer Kunden war so freundlich, mich mit seinem Auto zur Werkstatt zu bringen. Ich trat freudestrahlend an den Tresen, um eine erträgliche Rechnung bezahlen und dann ab zu meinem Auto. Als ich fünf Minuten später wieder am Tresen erschien strahlte ich nicht mehr. Das Auto war zwar angesprungen, tuckerte aber wie ein Traktor. DAS hatte es früh jedenfalls noch nicht gemacht.

„Aber er fährt erst mal", hieß es vom Meister.

Ich kam mir vor wie dem Witz: Wie geht denn dein Auto? – Das geht nicht, das fährt. – Und? Wie fährt´s? – Na es geht.

Ziemlich sauer ließ ich das Auto stehen. Was sollte ich denn mit einem Auto, das nicht mal richtig funktionierte? Das war am 23. Februar 2009. Also wieder zwei Tage mit dem Bus fahren.

Mit der nächsten Rechnung am 25. Februar waren es dann rund 350 Euro. Diesmal fuhr das Auto aber tatsächlich.

Zumindest bis zum Freitag der gleichen Woche. Als ich am Montag der darauf folgenden Woche ins Auto stieg, ging nicht mehr viel. Es sprang beim vielleicht achten Versuch an, schaffte zehn Meter, um dann zu röhren wie ein Hirsch. Es schüttelte sich zwischendurch wie ein nasser Hund, machte sprungartig hin und wieder einen Satz nach vorn, um zu überlegen, ob es weiterfahren sollte oder lieber nicht.

Also mit einem satten Fluch auf den Lippen die Warnblinkanlage an und im Zuckeltrab vorwärts, so denn das Auto mal wieder ansprang. Nach vielleicht hundert Metern setzte sich ein Polizeiauto hinter mich, das mich bis zur Werkstatt begleitete. Ich hatte irgendwie das Gefühl, dass sich die Insassen das Schauspiel auch nicht entgehen lassen wollten. Zumindest war jemand da, der die Möhre anschieben konnte. Auch nicht übel. Wie das Auto die steile Auffahrt zu den Parkplätzen mit eigener Kraft geschafft hat weiß ich nicht.

Jedenfalls versuchte es, wenig später, ein Meister in die Werkstatt zu bringen. Er ließ es mit Mühe an. Die Geräusche, die das Auto von sich gab, waren noch wilder als auf meiner Fahrt bis hierhin. Dann ging es plötzlich aus, um auch nicht wieder anzuspringen. Also noch mal zwei Tage mit dem Bus fahren.

Als ich es endlich wieder holen konnte, hatte man alle Teile, die frisch eingebaut worden waren, noch einmal auf Garantie getauscht. Was lange währt wird gut, heißt es ja im Volksmund. Ich betrachtete mittlerweile nicht nur den Spruch, sondern auch das Auto skeptisch.

Irgendwie hatte ich langsam die Faxen dick. Wegen dieser rollenden Möhre, würde ich sich sicher irgendwann einen Herzinfarkt bekommen. Argwöhnisch jedes Geräusch beobachtend, nahm ich das Auto mit nach Hause. Es fuhr endlich wieder.

Bis – ja bis zum Montagmorgen. Es hatte am Wochenende wieder gestanden und glaubte nun offensichtlich, dass es Montag auch nicht fahren müsste. Wutentbrannt stieg ich aus, rief meinem Mann, der auf dem Balkon gestanden hatte, und wohl darauf wartete, dass ich den Parkplatz verließ, zu: „Die Scheißmöhre macht wieder nicht was sie soll!"

Und wieder einmal tuckerte ich zur Werkstatt. Dabei hatte ich ab dem nächsten Morgen Urlaub, eine ganze Menge vor und hätte das Auto dringend gebraucht. Und wie immer – es regnete Bindfäden. Am Mittwoch holte ich das Auto wieder. Es regnete immer noch. Was mit dem Auto so richtig los ist oder war, konnte mir auch keiner erklären. Auf alle Fälle war es noch mal auf Garantie repariert worden.

Die Hälfte der Strecke freute ich mich, dass ich endlich das Auto wieder hatte. Auf der zweiten Hälfte entgleisten mir Muskel für Muskel die Gesichtszüge. Ein „Bratzeln", wie von unterbrochenen Stromkabeln, hin und wieder eine Art leises Kreischen, hatten mich aufgeschreckt. Ich dachte mein Hamster bohnert! Mit zitternden Händen kam ich zu Hause auf dem Parkplatz an, stieg aus und wusste nicht, ob ich lachen oder weinen sollte. Ich verkniff mir erst mal beides.

Am nächsten Tag bat ich meinen Mann, ein kurzes Stück mitzufahren, damit er sich mit eigenen Ohren das Theater anhören konnte. Mein Mann wiegelte die ganze Sache ab. Nach dem Motto, es wird schon nicht so schlimm sein, sonst hätten sie dir das Auto nicht gegeben. Darüber hatte ich nach den letzten Werkstattbesuchen so meine eigene Meinung.

Ich machte nun doch noch, was schon einen Tag vorher hatte tun wollen. Ich setzte mich in eine Ecke und heulte wie ein Schlosshund.

Davon ging das Geräusch allerdings auch nicht weg. Wenn ich daran dachte, dass ich so fahren sollte, wurde mir richtig übel. Um meinen Mann zu überzeugen, dass etwas mit dem Auto faul war, schleppte ich ihn, weil ich totale Panik hatte, allein zu fahren, früh sieben Uhr in die „Sachsenallee" zum einkaufen.

Schon an der ersten Kreuzung ging das „Gebratzel" wieder los. Mir begannen vor Angst derart die Hände zu zittern, dass ich schon beim Fahren aufpassen musste.

Dann fiel mein Blick zufällig auf das Armaturenbrett, wo nur zusätzliche Schalter angebracht sind, die mit der eigentlichen Fahrerei nichts zu tun haben.

„Ach, nee, das darf doch nicht wahr sein!!! Schau dir das mal an!" Ich zeigte auf die Schalter der Sitzheizung. Beide standen auf fünf. Beim Beifahrer kein Problem. Nur auf der Fahrerseite ist ein Bruch im Kabel. Seit bestimmt zwei Jahren schon. Reparatur zu teuer. Außerdem nicht lebensnotwendig.

Also blieben beide Schalter seitdem aus, eben weil es irgendwo zwischen den Kabeln „bratzelte". Dass bei Plusgraden jemand die Sitzheizung anmacht, hatte ich nicht vermutet. Ich drehte die Heizung aus und augenblicklich herrschte die gewohnte Ruhe im Auto.

Nun hoffe ich, dass nächste Woche das Auto immer noch tut was es soll.

Falls ihr nichts mehr von mir hört hat mich wegen neuerlicher Probleme der Schlag getroffen.

Der Wahnsinn hat ein Ende

Es gibt Dinge im Leben, denen man irgendwie mit Hassliebe begegnet. Man kann nicht mehr ohne sie leben, möchte sie aber gleichzeitig zum Teufel wünschen. Für die einen ist es der Computer, der den, der davor sitzt, mit ständig wachsender Begeisterung in den Wahnsinn zu treiben versucht, für andere das Auto. Bei mir war es das Auto. War. Welch schönes Wort, nach einem langen Weg voller Zweifel, ob man das geliebte Gefährt einfach durch die Schrottpresse schiebt oder nicht.

Ich habe es geschoben, oder viel mehr schieben lassen, und ich gebe zu, es war ein Hochgenuss der besonderen Art, der Extraklasse, und sämtlicher Superlative, die die Menschheit erfunden hat.

„Wollen Sie das Auto noch mal sehen?", fragte die Verkäuferin, als wir die Papiere und Schlüssel unseres alten Passats abgaben. „Es steht bereits auf dem Transporter, der die Altwagen zur Verschrottung bringt."

„Nee, nie wieder!", sagte ich schnell. „Auf gar keinen Fall." Ich drehte mich nicht einmal zum Fenster um, vor der der große Lastwagen stand.

Strich drunter, fort, weg, aus, Sense, Finito, S.v.K. – Schnauze voll Kameraden! Mich hat noch nie jemand oder etwas so verarscht, wie dieses Auto. Und nicht nur mich, auch in der Werkstatt sorgte es für helle Aufregung. Bis zuletzt war nicht klar, unter welcher ungewöhnlichen Krankheit es litt. Vielleicht paranoide Schizophrenie? Mal fuhr es, mal fuhr es nicht. Mal röhrte es, mal röhrte es nicht. Und ob es anspringen wollte oder nicht, das wusste wohl wirklich nur der Teufel.

In einem Punkt habe ich mich jedenfalls so was von schadlos gehalten: auf dem Hof des Autohauses muss der Passat wohl die allerletzten Tropfen Benzin mit einem tiefen Seufzer zu sich genommen haben, dann war der Tank so leer, wie ein Tank überhaupt sein kann, außer er ist neu. Auf den letzten zwei Kilometern hatte ich schon die Befürchtung, schieben zu müssen, weil das Motorengeräusch immer seltsamer wurde.

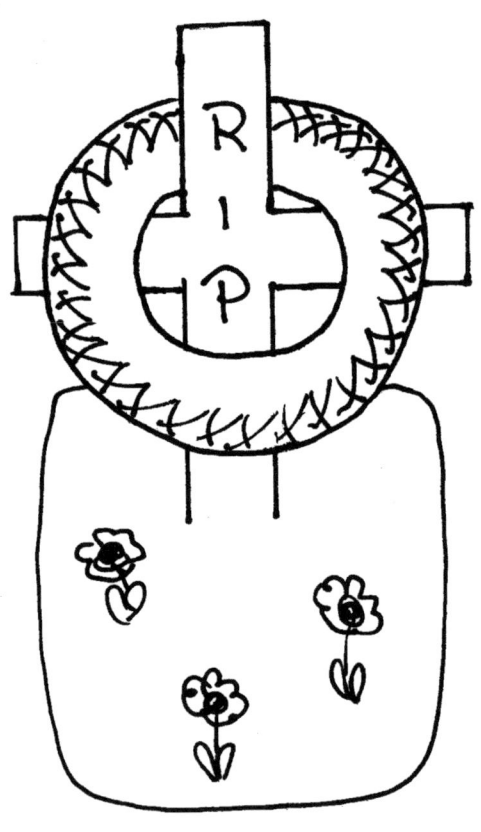

Aber Passats Rache für unseren beherzten Schlussstrich unter seine miesen Launen ist furchtbar. Ich misstraue seitdem jedem Auto, mag es noch so neu und strahlend daherkommen, denn irgendwo unter dem glänzenden Lack lauern tiefe Abgründe, die nur darauf warten dich, kaum dass du das Gefährt mit ganzer Liebe überschüttest, Stück für Stück wieder in die Verzweiflung zu treiben.

Für unseren Neuen wird es jedenfalls nicht einfach sein, mich vom Gegenteil zu überzeugen. Da hat der Auto-Wahnsinn schon zu oft hinterhältig zugeschlagen.

Tontaubenschießen

Hatte kürzlich ein cooles Erlebnis. Irgendwie lief mein DVD-Player im Auto nicht los. An der Kreuzung wollte ich kurz die DVD aus- und wieder einfahren lassen, um ihn doch noch zum Arbeiten zu überzeugen. Das Display klappt auf, ein Lichtreflex rast an mir vorbei, es macht „plopp" an der Rückbank und etwas verschwindet von hinten unter dem Beifahrersitz. Habe ziemlich bedröppelt in den leeren Schlitz geschaut und gleich noch mal, weil ich es nicht glauben wollte.

Das ist nun schon das zweite Radio in meinem Leben, das die Scheiben in fliegende Guillotinen verwandelt!! Nur so wie diese ist noch keine DVD geflogen. Kannste glatt Tontaubenschießen spielen, während der Fahrt!!! Hab etwas später bei uns am Pförtnerhäuschen neben dem Auto gekniet und den Silberling unterm Sitz vor gefummelt. Hat paar Kratzer, läuft aber trotzdem noch.

Das nennt man Car Entertainment, für Musik, Show-Effekt und Bewegung ist gesorgt.

Waschtag

Samstag – Waschtag. In den siebziger Jahren wenig komfortabel, weil wir noch keine Maschine mit Spülfunktion und Schleuder hatten. Meist arbeiteten wir vier „Mädels", nämlich Mutter, Großmutter und wir zwei Schwestern Hand in Hand. Dreimal spülen, auswringen mit der großen Standschleuder wenigstens etwas Wasser loswerden und Wäsche aufhängen beanspruchten nicht gerade wenig Zeit. Immerhin waren wir fünf Personen im Haushalt.

Auch heute wartete die alte Schwarzenberg-Waschmaschine schon darauf, mit weißer Kochwäsche bestückt zu werden. Mutter hatte bereits alles vorsortiert. Nun stopfte sie lange warme Herren-Unterhosen, Unterhemden, Taschen- und Geschirrtücher, sowie die restliche Unterwäsche in die Trommel, nebst allem anderen, was sonst noch hell und kochfest war.

Mit geübtem Griff schloss sie die Verriegelung der Waschtrommel, den Deckel der Maschine und schaltete sie an.

Dann hieß es warten. Zwischendurch ein argwöhnischer Blick in das Bad, ob der Schaum nicht unterm Deckel hervorquoll, wie es immer wieder einmal vorkam.

Erleichtertes Aufatmen, diesmal blieb alles ruhig.

Irgendwann war die alte „Rumpel" endlich fertig. Mutter öffnete den Deckel, griff nach dem Rührholz, um die kochendheiße Wäsche ans Tageslicht zu befördern. In der Badewanne wartete schon das kalte Wasser für den ersten Spülgang.

Mutter stocherte also in der Waschlauge herum, bekam etwas mit dem Rührholz zu fassen, hob es langsam und vorsichtig hoch, um sich nicht zu verbrühen.

In ungläubigem Staunen riss sie die Augen auf.

Was da zum Vorschein kam, war mitnichten weiß.

Auf dem Holz hing ein Wirrwarr aus äußerst kräftig rosa leuchtender Wäsche. Barbie wäre glatt neidisch geworden.

Vater war weniger erfreut, als er seine Unterhosen und Hemden so zu Gesicht bekam.

Tapfer fischte Mutter die letzten Wäschestücke aus der Brühe und förderte dabei den Verursacher der ganzen Aufregung zu Tage – eine dunkelrote Schlafanzugjacke, die unbemerkt mit in die Trommel geschlüpft war. Das Corpus Delicti selber hatte den Kochgang bestens überstanden, nichts von seiner Leuchtkraft eingebüßt und war makellos dunkelrot geblieben.

Wie wir auch spülten und schrubbten, die ganze ehemals weiße Waschladung blieb strahlend rosa. Also hängte Mutter wohl oder übel alles hinter dem Haus auf mehrere Wäscheleinen zum Trocknen.

Genauer betrachtet, gefiel uns die neue Farbe sogar. Nicht ein Wäschestück sah verfärbt aus, so gleichmäßig war der Farbton geworden.

Nur Vater war und blieb sauer. „Ich zieh doch keine rosa Wäsche an!!!"

Verständlich.

Meine Schwester sah die praktische Seite. „Kein Problem ich nehme es als Schlafanzug."

Na wenigstens kam nichts um. Gut so.

Nach etwa einer Stunde ging Mutter in den Garten, um den Trocknungsgrad der Wäsche zu prüfen.

Kichernd lief sie wieder ins Haus zurück. „Ihr glaubt ja nicht, was mir gerade passiert ist! Die Nachbarin guckte über den Zaun und fragte: `Sie haben wohl einen Vertrag mit der Färberei bekommen?´ Ich habe sie in dem Glauben gelassen."
Herrlich!

Am späten Nachmittag kam Großmutter von ihrer Freundin oder wie wir immer sagten, „Tratschtante". Sie blieb stehen, nahm die Sonnenbrille ab, setzte sie wieder auf, nahm sie noch einmal ab und putzte sie, setzte sie wieder auf und starrte auf die Wäscheleinen. Dann kam sie kopfschüttelnd ins Haus.

„Erika, die Wäsche sieht ganz rosa aus."

Mutter schaute aus dem Fenster. „So? Sieht doch aus wie immer."

Großmutter wandte sich an Vater: „Wolfgang, die Wäsche ist doch rosa – oder?"

Vater sah ebenfalls zum Fenster hinaus. „Rosa? Wo denn?"

Völlig verunsichert wandte sich Großmutter nun an meine große Schwester. „Ist die Wäsche wirklich nicht rosa?"

Karin im Brustton der Überzeugung: „Nein. Da ist nichts rosa."

Großmutter schaute noch einmal aus dem Fenster, drehte sich wütend um und stampfte mit dem Fuß auf.

„Der verfluchte Augenarzt! Hat er mir die falschen Tropfen verschrieben!"

Das Gelächter war kaum zu überbieten.

Dass sie uns den Scherz jahrelang übel genommen hat, steht auf einem anderen Blatt.

Ein Latsch kommt selten allein

„Kommst du endlich?!"
Die ganze Familie saß schon im Auto, nur ich trödelte noch herum. Es war Wochenende und alle freuten sich auf einen Ausflug in die Sächsische Schweiz, das Mittagessen in der Räumichtmühle in Saupsdorf, auf Patentante und Patenonkel und alle Annehmlichkeiten des Sonntags – außer mir natürlich.

Samstag war ja zu unserer Zeit ein fast normaler Schultag, das heißt, bis Mittag ging der reguläre Unterricht, also blieb nur der Sonntag für große Aktivitäten.

„Ja, ja", brummelte ich, wobei ich im finsteren Flur nach meinen Schuhen angelte.

Schnell verließ ich die Wohnung und lief zum Auto. Mutter sah mich einsteigen.

„Ach du hast die roten Schuhe angezogen", stellte sie einigermaßen zufrieden fest.

„Hm", machte ich. Ich war unleidlich. Warum mussten wir ausgerechnet gerade dann wegfahren, wenn mein schöner Baukasten auf große Konstruktionen wartete? Ich vergrub mich in die Polster des Rücksitzes und schmollte.

Nur in Neustadt reckte ich den Kopf zum Fenster. Auf einem der Schornsteine war ein Storchennest und beinahe immer konnte ich den Vogel irgendwo entdecken. So auch heute. Das stimmte mich etwas versöhnlicher. Ich verrenkte mir fast den Hals, um während der Fahrt möglichst lange den Storch zu betrachten.

Der sah schließlich genau so aus wie der Titelheld in meinem Lieblingsbuch „Adebar, der Klapperstorch", der im Herbst immer an den Bosporus flog, um Frösche zu fangen. Ich wäre lieber mit dem Storch an den Bosporus geflogen, als hier im Auto zu hocken.

Irgendwann endete die Fahrt und ich kraxelte vom Sitz.

Diesmal sah mich Mutter von der anderen Seite.

„Du hast ja doch die braunen Schuhe angezogen!"

Hä?

Von vorn betrachtet wurde das ganze Elend sichtbar. Ich trug einen roten und einen braunen Schuh. Noch dazu von so unterschiedlicher Machart, dass es unglaublich albern aussah.

Während der rote Schuh zierlich bis an die Zehen ausgeschnitten war und mit einem Riemchen um das Fußgelenk geschlossen wurde, wobei der Rand des Leders auf dem Schuh noch ein Lochmuster trug, war der andere, der braune Schuh, bis an den Knöchel zum Schnüren und ein typischer derber Wanderschuh.

Und wie schon erwähnt, war Sonntag.

Die Läden hatten geschlossen, der Tag war noch lang und meine Laune endgültig im Keller. Auch als Achtjährige hat man seinen Stolz, der nun arg gelitten hatte.

Der Schock saß tief.

Offensichtlich aber noch nicht tief genug.

Genau eine Woche später fuhren wir wieder in die Sächsische Schweiz. Wir waren bereits einige Minuten unterwegs, als Mutter scherzhaft fragte: „Na hast du die roten oder die braunen Schuhe an?"

Ich betrachtete meine Füße, wurde blass und stammelte verstört: „Ich hab die Hausschuhe an."

(B)Engelchen

Eigentlich sollte es ein ruhiges Wochenende am Strand werden. Ausgerechnet heute war mein kleiner, zweijähriger Sohn wie aufgezogen. Ehe es zwischen den Steinen noch zu einem Unfall käme, blieb ich vorsichtshalber mit ihm zu Hause. Er war einfach überall und nirgends, wuselte durch die Wohnung wie ein Irrwisch und ließ sich einfach nicht bändigen. So kannte ich ihn gar nicht.

Innerlich verdrehte ich gegen Mittag langsam die Augen. Es war eindeutig zu viel des Guten.

Mir graute regelrecht davor, ihn im Wohnzimmer allein zu lassen, um in der Küche das Essen zubereiten zu können.

Ich ließ also alle Türen offen und horchte ständig ins Wohnzimmer. Frank rannte mit seiner Schildkröte im Schlepptau schon seit einer Viertelstunde wie ein Verrückter hin und her. Das niedliche Spielzeug bestand aus einem großen gelben Ring mit Kopf, Beinen und Schwanz, in dem auf einer Achse, eine handballgroße blau-weiß gestreifte Kugel lief, auf der die Schildkröte praktisch rollte und die so auch den Panzer darstellte.

Lass ihn rennen, dachte ich für mich, so richtet er keinen Schaden an und wird vielleicht bald müde.

Rummmms!!! Im selben Moment krachte und schepperte es im Wohnzimmer mörderisch. Ich ließ das Gemüse fallen und rannte hinüber. Frank hatte wohl die Kurve nicht bekommen. Er war ungebremst in die Blumenbank vor dem Fenster gekracht, hatte sie umgerissen und von vier Metern Länge die großen Hydrotöpfe der Blattpflanzen abgeräumt.

Mehrere Liter Nährlösung hatten sich als See im Zimmer verteilt. Dazwischen lagen kreuz und quer Gummibaum und Co., aber auch Frank mit seiner Schildkröte.

Soeben rappelte er sich pitschnass auf, um mit großen Augen das angerichtete Chaos zu betrachten. Wenigstens war ihm nichts passiert. Der Schildkröte übrigens auch nicht. Ungeachtet der Verwüstung zog ich zuerst Frank trockene Kleidung an, bevor ich mit einigen Badetüchern die Flüssigkeit aufwischte, die Pflanzen sortierte und in ihre Töpfe zurückstellte. Zuletzt packte ich es sogar allein, die große Blumenbank wieder aufzustellen. Wie der kleine Kerl es geschafft hatte, dieses schwere Ding umzuwerfen, blieb mir völlig schleierhaft.

Ich warf die nassen Tücher einfach in die Badewanne, setzte Frank an seinen kleinen Spieltisch und widmete mich wieder dem Gemüseputzen. Diesmal würde es wohl erst viel, viel später Mittagessen geben.

„Mama! Pullern!", ertönte es plötzlich von nebenan.

Rasch öffnete ich Frank die Badtür und half ihm, mit der Fußbank auf die Toilette zu kraxeln. Als „großer" Junge hasste er es, auf das Töpfchen zu gehen. Mir war es Recht. Je eher er sich an die große Toilette gewöhnte, umso besser.

Zwischen Hose hochziehen und Fußbank wegräumen musste ich noch schnell den Eintopf umrühren. Ich war keine Minute weg, als ein seltsames, plätscherndes Geräusch ertönte. Ich lauschte. Woher kam das bloß? Regen war es nicht, denn draußen strahlte die Sonne. Ich legte den Kochlöffel weg und folgte dem Plätschern.

Schon vor der Küchentür schwappte mir Wasser
entgegen. Mir entgleisten die Gesichtszüge. Der
lange orangefarbene Kokosläufer im Flur hielt die
Flut zwar zum größten Teil ab, aber das machte
mich auch nicht froher.

Frank war es in wenigen Sekunden gelungen, den
großen Wasserhahn, mit dem sowohl das Waschbecken, als auch die Badewanne befüllt werden konnte,
genau in den winzigen Spalt zwischen beide zu drehen und volles Rohr Wasser zu geben.

Ich schnappte mir den Wasserpanscher, schimpfte
ihn aus, zog ihn um und holte die nächsten großen
Tücher aus dem Schrank, um des Wassers Herr zu
werden. Nun landeten auch noch der große Läufer
und der nächste Berg Handtücher in der Wanne.
Zwischendurch rührte ich im Eintopf. Dabei stellte
ich fest, dass es im Wohnzimmer still war.

Zu still wohlgemerkt. Ich spähte durch die Tür und erstarrte. Gleich hinter der Schwelle saß Frank. Er hatte einen wasserfesten Stift in der Hand, den er leise und schnell aus einem der Schübe stibitzt haben musste, und mit dem er gerade den hellgrauen Spannteppich anmalte.

Ich zog ihm wortlos den Stift aus der Hand, hetzte ins Bad, riss eine Bürste und Fit vom Regal und versuchte, den Schaden zu beheben.

Irgendwie gelang es mir tatsächlich, die Malerei restlos zu entfernen.

Hinter meinem Rücken war Frank beschäftigt, den Inhalt seiner großen blauen Spielkiste malerisch im Raum zu verteilen. Ehe ich es merkte, war es bereits zu spät.

Jetzt platzte mir der Kragen. Ich schnappte Frank an selbigem und steckte ihn ins Bett. Noch nie zuvor war er bestraft worden. Noch nie zuvor hatte er überhaupt groben Unsinn angestellt.

Das Maß war voll – übervoll.

Ich ging in die Küche nahm den Topf vom Herd, um wenigstens das Essen zu retten.

Augenblicke später lauschte ich an der Schlafzimmertür. Alles war ruhig. Sollte Frank etwa eingeschlafen sein? Das wollte ich genau wissen. Vorsichtig und völlig geräuschlos öffnete ich die Tür.

Frank stand in seinem Bettchen, über das sich die Tapete von rund drei Quadratmetern Wand verteilte, die er mit seinen geschickten Fingerchen abgezogen hatte.

Ich konnte nicht einmal mit ihm schimpfen, mir blieb regelrecht die Spucke weg. Sogar zum Heulen hat die Kraft nicht mehr gereicht.

Ich habe das Bett mitsamt Frank von der Wand weg gerückt, mich auf mein eigenes Bett gesetzt und so lange gewartet, bis er ganz sicher eingeschlafen war. Dann rührte ich fast mechanisch Tapetenleim ein, klebte die beiden abgerissen Bahnen wieder an und freute mich, dass dem (B)Engelchen, das hier so selig schlief, bei alledem kein Leid geschehen war.

Das Nachtgespenst

Wir wohnten seit einigen Jahren in einer alten Villa direkt am Waldrand. Die Fenster waren von außen mit schmiedeeisernen Gittern verziert und zudem für die Nacht mit schweren hölzernen Jalousien gesichert. Ein großer Garten mit gemauertem Mini-Pool und wundervolle Blumenrabatten vervollständigten das Bild. Zur Straße hin standen drei uralte, riesige Rhododendren, zu deren Füßen in jedem Frühjahr ein unglaublicher Teppich aus Blausternen blühte.

Ein Spielparadies für Kinder, aber auch für Eichhörnchen und anderes Getier, das ab und zu aus dem Wald auf Stippvisite kam.

Die dicken Mauern des Gebäudes und der Schatten der hohen Kiefern hielten die Räume im Sommer herrlich kühl.

Ich teilte mir mit meiner Schwester ein Sechzehn-Quadratmeter-Zimmer. Vater hatte für sie eine Art „Oberstübchen" geschaffen, indem er mittels dicker Bohlen, eine Zwischendecke in ihre Zimmerhälfte einzog. Unten, gleich neben der Leiter zu diesem Stübchen, stand ein Sofa, auf welchem ihr Lieblingskissen lag. Den blütenweißen Stoff zierten zwei kitschig aufgemalte Kinder, die über ein weites Land schauten. Darüber stand „In die Heimat möchte ich wieder." Bei uns hatte dieses Ding nur den Spitznamen das „Revanchisten-Kissen". Weiß der Fuchs, woher die Kissenhülle stammte.

Eines Tages begann das Kissen aus unerklärlichen Gründen zu ergrauen. Erst ein bisschen und dann immer mehr.

„Gib es zu! Du hast mein Kissen genommen!", tobte meine Schwester.

„Hab ich nicht!", versuchte ich, mich genau so lautstark zu verteidigen.

Kaum war der Bezug gewaschen ging das Spiel von vorne los. Erst erschien ein leichter Grauschleier, dann dunkle Flecke.

Ständig hatten wir uns in der Wolle wegen des blöden Kissens, das ich langsam zu hassen begann. Ich hatte es nicht genommen und wusste bald nicht mehr, wie ich mich noch verteidigen sollte. Das Kissen wurde auf unerklärliche Weise immer wieder von ganz allein schmutzig.

„Außerdem schnarchst du!", setzte meine Schwester eines Tages nach.

„Ich schnarche gar nicht", erwiderte ich wütend und funkelte sie böse an.

Auch, wenn sie schon sechzehn und ich erst neun war, hatte ich keine Lust, mich immer beschuldigen zu lassen.

„Ich – schnarche – nicht! Basta!!!"

Tagelang herrschte zwischen uns Eiszeit. Die Polregionen waren dagegen schon fast warm zu nennen.

Eines Nachts musste meine Schwester zur Toilette. Sie stieg ihre quietschegelbe Leiter herunter. Dabei streifte der Blick zufällig das Sofa.

Auf ihrem geliebten Kissen lag zusammengerollt eine fette Katze und schlief selig schnarchend.

Meine Schwester schrie auf, die Katze erwachte jäh und sprang geradenwegs in mein Bett.

Mir die Decke über den Kopf ziehen und erstarren geschah gleichzeitig. Das war ja schlimmer als ein Albtraum!

„Strampele doch endlich!!!", rief meine Schwester aufgebracht, als ich gar nicht reagierte.

Die Katze war nämlich auf dem Fußende meines Bettes sitzen geblieben. Nur etwa dreißig Zentimeter trennten sie vom offenen Fenster und einem Spalt in den Jalousien, durch den sie sich offensichtlich Nacht für Nacht gequetscht hatte.

Endlich reagierte ich und trat wie wild um mich. Die Katze verschwand. Kaum war sie weg, ließ ich mit zitternden Händen den Rollladen ganz zufahren und verrammelte das Fenster.

Kurz darauf kam das Tier wieder, um die ganze Nacht draußen auf dem Fenstersims zu maunzen. Ich zog mir das Kissen über den Kopf und fürchtete mich wie wahnsinnig.

An den folgenden Abenden erschien immer wieder die Katze und forderte lautstark Eintritt.

Inzwischen reagierte ich panisch. Ich rannte ins Wohnzimmer und weigerte mich vehement, das Kinderzimmer je wieder zu betreten, solange dieses Untier in der Nähe war.

Also gab mir Mutter Decke und Kissen, damit ich auf dem Sofa schlafen konnte. Kaum hatte ich mich wohlig ausgestreckt, als die Katze auch schon am Wohnzimmerfenster erschien und krakeelte. Nun war das Maß voll. Jetzt riss sogar meiner Mutter der Geduldsfaden. Ganz langsam löste sie den Rollgurt der Jalousie, gab unendlich viel davon frei, um das schwere Ding mit einem Ruck nach unten sausen zu lassen.

Die Katze kreischte erschreckt auf und ließ sich nie wieder blicken.

Geblieben ist die Überzeugung, dass manche Katzen Zwerg-Terroristen sind. Deshalb habe ich mich später auch für einen Hund entschieden. Der hüpft garantiert nicht als nächtlicher Fassadenkletterer vor den Fenstern fremder Leute herum, um sie zu Tode zu erschrecken.

Des Kaffees hoher Fettgehalt

Es regnete. Nicht einfach mal so, sondern schon den ganzen Tag. So hatte ich mir meine Schulferien nicht vorgestellt. Der Garten und die Wiese versanken langsam im Matsch – Besserung war nicht in Sicht. Ich drückte mir an der Fensterscheibe alle paar Minuten die Nase platt, um festzustellen, dass die grauen Wolken einfach kein Ende nehmen wollten.

Großmutter versuchte vergeblich, mich aufzuheitern. Erfindungsreich, wie sie war, kreierte sie extra für mich immer neue Spiele, die mich zwar eine Weile ablenkten, die Laune aber nicht wirklich heben konnten.

Ich hockte missmutig vor einem meiner Aquarien, stierte die Fische an und langweilte mich. Die Pastellfarben der Tiere erinnerten mich an Bonbons.

Bonbons? Gute Idee! Ich schlich leise in die Küche und inspizierte den Schrank. Eukalyptus. Igitt!

Großmutter steckte den Kopf zur Tür herein. Sie sah mich mit hängenden Ohren vor dem offenen Schrank stehen. Das nächste Geschäft war zwar nicht weit entfernt, der Weg bei diesem Wetter aber eine bösartige Zumutung. Sie legte mir tröstend die Hand auf die Schulter.

Plötzlich lächelte sie. „Was hältst du davon, wenn wir uns selber eine paar süße, leckere Bonbons machen?"

Ich war begeistert.

Großmutter zählte auf, was sie alles brauchte und ich beeilte mich, das Gewünschte zu holen.

„Backblech."

Ich flitzte zum Herd.

„Zucker."

Vom Stuhl aus, reichte ich gerade bis an das Fach heran, wo der Zucker stand.

„Milch und Butter."

Schnell runter vom Stuhl und den Kühlschrank geplündert.

„Natron."

Irgendwo in der Dose mit den Backzutaten fand ich ein Tütchen Natron.

„Bereit?"

„Kann losgehen, Omi."

Großmutter nickte zufrieden. „So, jetzt schüttest du eine dicke Schicht Zucker auf das Backblech und drückst mit dem Daumen in regelmäßigen Abständen die Löcher für die zukünftigen Bonbons hinein."

„Und Bonbons selber machen, geht wirklich?", fragte ich vorsichtig.

„Aber ja. Ich habe es zwar schon ewig nicht mehr gemacht. Aber wir werden es schon schaffen", sagte Oma zuversichtlich.

Dann mischte sie eine viertel Tüte Zucker mit einer Tasse Milch, gab einen Löffel Butter hinzu und streute etwas Natron mit in den Topf.

Auf großer Gasflamme brachte sie das Gemisch zum Kochen, wobei sie fast ständig rührte. „Sonst brennt das ganz schnell an und schmeckt eklig", kommentierte sie. „Komm nicht so nah ran, das spritzt manchmal."

Na gut. Ich stellte mich auf den Küchenstuhl und äugte von weitem in den Topf. Es dauerte auch nicht lange, da warf die Flüssigkeit Blasen, dickte sichtlich ein, wobei sich die Farbe nach hellem Braun änderte.

„Fertig." Großmutter nahm den Topf vom Herd und ließ vorsichtig die heiße, dickflüssige Masse in die „Formen" laufen.

„So, nun müssen wir warten bis unsere Karamell-Bonbons fest und kalt sind."

Schon der Duft ließ mir das Wasser im Mund zusammenlaufen. Ich blieb am Tisch sitzen und schaute den ungewöhnlichen Leckerein beim Abkühlen zu.

Irgendwann war es so weit. Ich durfte die Bonbons aus dem Zucker fischen und in eine Schüssel legen. Es war eine ansehnliche Portion geworden, die sicher für die ganze Ferienwoche reichen würde.

Zuletzt strich Großmutter den Zucker vom Backblech zusammen und füllte ihn wieder in die Tüte zurück, welche ich wieder oben in den Schrank stellte.

Dann saßen wir beide gemütlich in der Küche und naschten. Großmutter war eben doch die Größte, obwohl sie gerade mal einen Meter vierzig maß.

Am nächsten Morgen weckten mich die Sonne und komische Geräusche aus der Küche.

Mutter hatte gerade Kaffee ausgeschenkt. Erstaunt betrachtete sie die Oberfläche der Flüssigkeit, von der sie mehrere große Fettaugen anglotzten.

Sie ging zum Geschirrschrank, untersuchte jede einzelne Tasse und schüttelte hilflos den Kopf. Vater sah sie fragend an.

„Die Tassen sind alle sauber. Ich verstehe es nicht. Die waren doch alle im selben Spülwasser", murmelte sie verstört.

„Na schau mal an! In meinem Kaffee ist kein Fett!", rief sie plötzlich.

„So?" Vater sah selber nach. „Tatsächlich. Hm."

Mutter kippte Vaters Kaffee in den Ausguss, gab ihm andere Tasse, schenkte ein.

„Sieht gut aus." Vater war zufrieden. Er griff nach der Zuckerdose, die Mutter vor dem Frühstück frisch aufgefüllt hatte, häufte etwas auf seinen Löffel und rührte die Kristalle in den Kaffee.

Erschreckt ließ er den Löffel los. Schöne, große runde Fettaugen lächelten aus der Tasse.

Fast mechanisch nahm er die Tüte Zucker und roch am Inhalt.

Augenblicke später wurden die Übeltäter überführt.

Für mich ist Großmutter, obwohl sie schon lange nicht mehr lebt, immer noch die Größte. Wir anderen erinnern uns immer gern an sie und die Geschichte vom plötzlich erhöhten Fettgehalt des Bohnenkaffees.

Die Sache mit dem Schlüssel

Haben Sie oder Ihre Kinder schon mal einen Schlüsselbund verloren? Ja? Na dann können Sie meinem Mann und mir bestens nachfühlen.

Ein abgebrochener Schlüssel ist schon eine Katastrophe, ein verschwundener erst recht. Besonders dann, wenn dieser Schlüssel zu einer Generalschließanlage gehört. Im schlimmsten Fall müssen alle Schlösser im Haus ausgetauscht werden. Das kostet richtig Geld und es ist fraglich, ob die Versicherung den Schaden reguliert.

Da uns irgendwie das Pech regelrecht an der Backe klebt, wunderte ich mich auch nicht sonderlich, als mein Mann eines Tages mit hängenden Ohren aus der Firma kam. Der ganze, große Schlüsselbund war verschwunden. Er hatte ihn buchstäblich schon überall gesucht. Im Firmenfahrzeug lag er nicht, in der Werkstatt war er auch nicht, erst recht nicht in seinem Rucksack oder Jacken- und Hosentaschen. Weg, einfach weg, spurlos. Die einzige logische Erklärung: Er hatte ihn auf der letzten Baustelle verloren. Na super. Das kam ja glatt der Suche einer Nadel im Heuhaufen gleich. Man sagt ja immer so schön: Die Hoffnung stirbt zuletzt. Unsere Hoffnung siechte bereits todkrank dahin.

Der Schlüsselbund war und blieb verschwunden.

Es hatte in jenen Tagen wie verrückt geschneit. Wie sollte da jemand etwas Verlorenes finden? Und vor allem wie und wo suchen? Da halfen nur „Kopf hoch!" und auf Tauwetter warten. Gefunden hatte ihn ganz offensichtlich auch noch niemand. Na ja. Wenn einem die Kacke bis zum Hals steht, sollte man den Kopf nicht zusätzlich noch hängen lassen…

Alle paar Tage fragte ich: „Und? Ist er wieder aufgetaucht?"

Die Antwort war immer die gleiche: Ein müdes Kopfschütteln und heruntergezogene Mundwinkel.

Schließlich taute es. Mein Mann war wieder auf ebenjener Baustelle zugange, als sein Chef plötzlich rief: „Na guck mal, was da hängt!"

In einem Strauch hing treu und brav der gesuchte Schlüsselbund und wartete sehnsüchtig darauf, dass man ihn endlich aus seiner misslichen Lage befreite.

Kindermund tut Wahrheit kund?

Oder kann dich mit einem Satz bis auf die Knochen blamieren. Ich jedenfalls hatte als Kind auch diese Gabe.

Ob ich nun im Kindergarten kundtat, als ich trocken Brot aß: „Ich kriege zu Hause auch nichts anderes", oder bei einer Bekannten meiner Eltern fragte: „Tante Erika, darf ich mich bei dir satt essen?" – ich habe es doch immer wieder geschafft, dass meine Mutter am liebsten im Erdboden versunken wäre.

Dabei waren meine Eltern doch heilfroh, wenn ich überhaupt irgendetwas aß. Ich hätte eigentlich zweimal reinkommen müssen, damit man mich wirklich einmal sah. Ich litt seit meiner Geburt an Appetitlosigkeit. Das ging sogar so weit, dass man mich als Kleinkind ins Krankenhaus bringen musste, wo ich per Sonde ernährt wurde. So war es kein Wunder, dass ich wirklich essen durfte, was immer mir schmeckte, denn das war wenig genug. Mein allerliebster Schmackofatz war trockenes Brot. Daran hat sich sogar bis heute nichts geändert. Entweder, knochentrocken und knackehart oder ganz frisch vom Bäcker, so bekommt man mich hinter dem Ofen hervor.

Also packte mir meine Mutter, damit ich überhaupt etwas mit Appetit aß, ab und zu eine Scheibe Trockenbrot mit in die Brottasche für den Kindergarten. Das war allgemein bekannt und niemand störte sich daran.

Eines Tages hatten wir aushilfsweise eine andere Erzieherin, die weder mich, noch meine Marotte kannte. Ich holte also zum Frühstück statt der Wurstbrote, die in meiner Tasche waren, nur das trockene Brot hervor. Völlig entsetzt, darüber, was ich auf meinen Teller packte, fragte sie: „Aber Reni was hast du denn mit?"

Ich antwortete im Brustton der Überzeugung mit ebenjenem Satz: „Ich kriege zu Hause auch nichts anderes."

Heutzutage würde glatt das Jugendamt auftauchen und den vermeintlichen Rabeneltern, das arme gequälte Kind wegnehmen.

Bernd, ein Bekannter meiner Eltern, hatte eine echt gute Methode, um mir wenigsten Butterschnitten mit Petersilie schmackhaft zu machen. Er strich richtig dick Butter auf das Brot, ritzte mit dem Messer ein Gittermuster hinein, steckte als Strauch etwas Petersilie darauf und erzählte mir: „Hinter dem Gitter in dem Käfig ist ein Krokodil. Das kannst du erst sehen, wenn du aufisst."

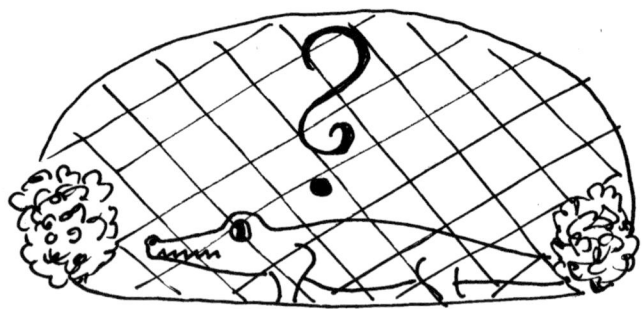

Wahrscheinlich ist das Krokodil immer durch ein Loch im Gitter ausgerissen. Ich habe es nämlich nie gefunden. Aber auf alle Fälle habe ich täglich neu probiert, das jeweilige Tier in seinem Käfig aufzuspüren.

Außer dem falschen Satz zur falschen Zeit, hatte ich als Kind noch eine ganz andere Gabe, nämlich, mir alle Nasenlänge irgendeinen Arm zu brechen.

Das ging schon als Dreikäsehoch los. Der Arzt verpasste mir einen, für seine Sicht, wunderschönen Gips, nebst schützendem Verband. Ich hatte, kaum dass wir wieder zu Hause waren, nichts Eiligeres zu tun, als den Arm immer wieder an den Kühlschrank zu wuchten, um den schweren, lästigen Gips loszuwerden. Als das nicht half begann ich die Binde abzuwickeln.

Einen der nächsten Armbrüche zog ich mir in Schierke, im Urlaub zu – und zwar im Bett.

Unsere Eltern wollten zu einer Veranstaltung im Ferienheim gehen. Meine Schwester, die sieben Jahre älter ist als ich, sollte auf mich aufpassen. Das hat sie ja auch getan, aber…

So einfach aus dem Fenster war nicht zu erspähen, ob die Eltern wirklich weg waren. Also kletterte sie auf den Kleiderschrank, von wo aus der Blickwinkel besser war. Herunter, gedachte sie, sich einfach in ihr Betten fallen zu lassen. Nur … da hatte ich mich inzwischen heimlich hineingeschlichen. Das war's mal wieder.

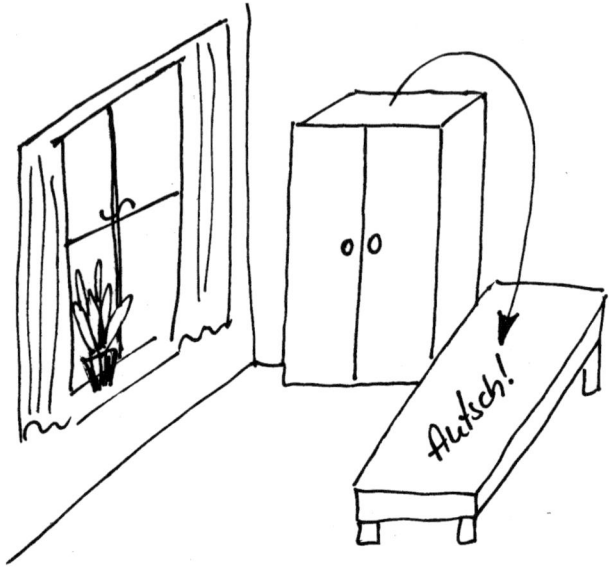

Meist trug ich streichholzkurze Haare und Lederhosen. Die ideale Bekleidung für so einen Wildfang wie mich, zumal wir ja mitten im Wald wohnten.

Und ich hatte mir wieder einmal den Arm gebrochen. Meine Eltern brachten mich zum Chirurgen, wo sich eine interessante Unterhaltung entspann.

Arzt: „Wie heißt denn der Kleine?"

Mutter: „Sie heißt Reni."

Arzt: „Ach René heißt der Kleine. Was hat er denn?"

Mutter: „Sie hat sich vermutlich den Arm gebrochen."

Arzt: „Ach das ist bei Jungs nichts Besonderes."

Schnauf.

Schließlich sollte ich, als der Gips endlich wieder ab war, üben, den Arm zu drehen, weil der Bruch etwas komplizierter war. Weil es wieder mal der rechte Arm war, lag allen sehr viel daran, dass er wieder richtig in Ordnung kam.

Also sagte der Arzt: „Immer schön üben, damit du später mal das Wechselgeld in Empfang nehmen kannst."

Ich grinste harmlos. Draußen sagte ich zu meiner Mutter: „Der hat doch keine Ahnung, ich hab ja noch eine Hand."

Soweit die kindliche Logik.

Dass es nicht immer funktioniert, wenn man noch mehr von einer Sorte hat, stellte ich beim Nasepopeln fest.

Mutter sagte, weil ich einfach nicht damit aufhören wollte. „Du wirst dir noch den Finger abbrechen."

Ich streckte meine gespreizten Hände hin. „Ach Mutti, ich hab doch noch so viele. Nur die beiden dicken gehen da nicht rein."

Aber auch anderweitig sorgte ich als dreijähriger Winzling für große Aufregung.

Meine Mutter suchte seit Stunden ihren Schlüsselbund. Sie hatte so beinahe das ganze Haus auf den Kopf gestellt. Ich kleiner Hosenmatz lief immer hinter ihr her, ohne zu begreifen, warum eigentlich diese gewaltige Aufregung herrschte.

Immer wieder stülpte Mutter das Unterste zuoberst, ohne fündig zu werden. In der Wohnung fand sie nichts, im Büro auch nicht, in der Küche schon gar nicht. Hätte nur gefehlt, dass sie auch noch im Hühnerstall nachgesehen hätte.

Schließlich wusste sie sich gar keinen Rat mehr und so fragte sie: „Reni hast du vielleicht meinen Schlüssel gesehen?"

Ich nickte und führte Mutti hin. Unter einem Heizkörper lag der Schlüssel.

„Hast du den hingetan?", fragte Mutti.

Noch einmal nickte ich.

„Warum?"

„Der war so kalt. Damit er nicht friert hab ich ihn ins Warme gelegt."

Ich hatte eben nicht nur ein Herz für Tiere.

Dafür stoben die Funken umso mehr, wenn ich mich mit meiner großen Schwester zoffte, die mich liebend gern stänkerte.

An einem Tag hatte sie mich so auf hundert gebracht, dass ich brütete, wie ich mich rächen könnte. Für eine Fünfjährige gar nicht so einfach. Aber meine Stunde schlug.

Abends, alle saßen vor dem Fernseher beim Sandmännchen, stand ich plötzlich wortlos auf, zog einen Hausschuh aus, knallte ihn meiner Schwester auf den Kopf. „So!" Und setzte mich wieder hin, als wäre nie etwas gewesen.

Meine Schwester war so perplex, dass sie wie gelähmt sitzen blieb. Dafür lachten die anderen.

Als Gegenzug hielt sie mir am nächsten Tag ständig die Zimmer- und Wohnungstür zu, indem sie mit der Hand die Klinken nach oben drückte. Dem hatte ich rein kräftemäßig nichts entgegenzusetzen. Ich konnte zwar meine Schwester drinnen sehen, kam aber nicht hinein.

Also versuchte ich, Krach zu machen, um die Eltern herbeizulocken.

Ich stellte mich mit dem Rücken zur Tür und wummerte mit dem Hinterteil gegen das dicke Glas. Das krachte und knallte ganz wunderbar.

Beim dritten Versuch war ich in der Wohnung. Allerdings ganz anders als geplant. In einem Scherbenregen landete ich auf der anderen Seite des Rahmens.

Seitdem hatten wir eine stabile Holztür.

Überhaupt waren Glastüren besondere anziehend. Etwas später piesackte mich meine Schwester wieder bis zum Abwinken. Ich griff Vaters Pantoffel und warf nach meiner Schwester. Die hatte nichts Besseres zu tun, als ins Schlafzimmer zu flüchten, wobei sie die Glastür hinter sich schloss.

Es wurde ein glatter Durchschuss ohne Risse und Sprünge, der obendrein noch aussah, als wäre eine Schildkröte durch die Tür gekrochen.

Wozu auf den Putz hauen?

Der fällt auch alleine. Wenn ich daran denke, wird mir heute noch ganz elend.

Wir wohnten damals in der Klarastraße in Dresden. Meine kleine Familie wartete darauf, endlich eine eigene Wohnung zu bekommen. Bis dahin steckten wir bei meinen Eltern die Füße unter den Tisch.

Meist brachte ich meinen Sohn, der gerade seinen ersten Geburtstag gefeiert hatte, sofort nach dem Mittagessen ins Bettchen. Auch heute saßen wir gemeinsam mit Opa und Oma in der Küche. Frank hat soeben gegessen. Irgendwas war heute anders als sonst, ich hätte nicht einmal beschreiben können was.

„Wir bleiben noch ein paar Minuten bei euch", sagte ich, mich wieder auf die Eckbank setzend. Aber irgendwie fand ich keine Ruhe. Fast unbewusst nahm ich Frank auf den Arm und verließ die Küche. Total überrascht sahen mir meine Eltern kopfschüttelnd hinterher. Ich hatte die Türklinke von außen noch in der Hand, als es in der Küche mörderisch krachte. Ich riss die Tür auf und schaute in eine Staubwolke. Genau an der Stelle, wo ich mit Frank soeben noch gesessen hatte war eine Putzplatte von etwa anderthalb Metern Durchmesser von der Decke gefallen.

Frank hätte das sicher nicht überlebt.

Fünf Jahre später schlug mein sechster Sinn wieder zu.

Ich war mit unserer, damals einjährigen, Tochter bummeln. Meist lief sie weite Strecken. Nur heute hatten wir viel eingekauft und deshalb den Kinderwagen mitgenommen.

So saß Diana im Kinderwagen, spielte mit dem Verdeck und lachte, wenn ich es nicht schnell genug wieder herunterdrücken konnte. Das ging bestimmt schon eine viertel Stunde so. Diana Verdeck hoch, Mama Verdeck runter, wieder und wieder. Es war ein lustiges Spielchen. Inzwischen näherten wir uns unserem Wohnhaus in Dresden. Irgendetwas zwang mich plötzlich, das Verdeck hochzuklappen und fest zu verriegeln. Keine Sekunde zu spät. Wir hatten gerade den Gehweg vor dem Haus erreicht, als sich ein riesiges Stück Außenputz aus etwa drei Metern Höhe von der Wand löste und genau auf das Verdeck krachte.

Und auch hier wurde mir erst in diesem Augenblick klar, dass ich soeben mein Kind gerettet hatte.

Das war aber noch nicht der letzte „Putzanschlag".

Über uns, in ebenjenem Haus vor dem es Diana fast erwischt hätte, wohnte eine Familie die uns öfter mal die Wohnung unter Wasser setzte. Meist bezahlte die Versicherung den Schaden, man richte wieder vor und wartete auf den nächsten Wasserfall.

Diana saß am Küchentisch, hatte ihren Farbkasten, die Knetmasse und alle möglichen anderen Bastelutensilien ausgepackt. Sie malte für ihr Leben gern und vor allem sehr schön. Ab und zu setzte ich mich zu ihr, schaute zu, ohne sie jedoch zu stören. Gerade hatte ich mich wieder auf die andere Seite des Tisches gesetzt, als mich ein leises Knistern stutzig machte.

Es klang, wie wenn sehr dickes Papier ganz langsam reißt. Diana war es nicht. Die malte hingebungsvoll und hatte ihre Umwelt tatsächlich völlig vergessen. Mein Mann und unser Sohn waren im Garten. Die konnten es also auch nicht gewesen sein.

Da! Wieder das Geräusch! Gleichzeitig klatschte vor mir ein dunkler Wassertropfen auf die Tischdecke. Ich hob erstaunt den Kopf, erstarrte und glaubte gar nicht, was ich sah. Genau über uns, von der Decke, hing eine Art gigantische Beule herab, deren Außenhaut einen zarten Riss zeigte und von wo auch der Tropfen gekommen war. Plötzlich hatte mich die Realität wieder. Ich schrie: „Weg da! Lauf!", sprang gleichzeitig auf, riss meine Tochter von der Bank und rannte in den Flur. Da tobte in der Küche auch schon das Inferno. Die Tapete hatte das Gewicht von Wasser und losem Putz nicht mehr halten können, mit einem Mal nachgegeben und den Inhalt der zwei Meter mal zwei Meter langen „Beule" schlagartig über unseren Küchentisch entleert.

Der Sacherverständige der Versicherung klärte mich ein paar Tage später auf. Der nette Mieter von oben hatte, weil die Wohnungen keine Bäder besaßen, er aber auch keine Lust hatte, in die recht große Speisekammer eines einzubauen, so wie wir es zum Beispiel getan hatten, einfach ein Loch in das Fallrohr in der Küche gehackt und dort eine Badewanne mittels Gummi-Ablaufrohr der Tischschleuder drangehängt.

Ab und zu riss das Rohr eben ab und setzte uns unter Wasser. Diesmal hatte der Mann das Wasser aufgedreht, war dann aber eingeschlafen. Blöderweise hielt diesmal das Rohr an der Wanne, sodass selbige überlief, mindestens zweihundert Liter Wasser im Raum verteilte, die langsam durch die die Holzbalken, Stroh- und Sandlagen sickerten, von unserer Tapete lange aufgehalten wurden und schließlich als geballte Ladung in unsere Küche krachten.

Dass ich dem guten Mann dafür am liebsten kräftig in den Hintern getreten hätte kann sicher jeder verstehen.

Erschrecken garantiert

Wenn jemand den Bogen raus hatte, andere zu erschrecken, dann war es meine Schwester.

So machte sie generell nie Licht an, wenn sie nachts durch die Wohnung schlich. Den Weg zur Toilette fand sie ja auch so. Auf der „Hütte" Licht anschalten? Fehlanzeige.

Vater machte sich am späten Abend ebenfalls auf den Weg zum stillen Örtchen. Irgendjemand hatte wohl wieder vergessen, die Tür zu schließen. Er fasste nach Klinke und griff ins Leere. Denn im selben Augenblick zog meine Schwester von innen die Tür zu.

Der erschrockene Fluch von Vater war filmreif.

Ein andermal war zwar die Tür geschlossen, aber nicht verriegelt. Vater tastete also nach dem Lichtschalter in der kleinen Toilette. Das Licht flammte auf und vor ihm saß meine Schwester, in der rechten Hand die erhobene Klobürste, in den Linken die Rolle Toilettenpapier.

„Heute keine Audienz", sprach sie in salbungsvollem Ton und mit todernster Miene.

Vater zuckte erschreckt zusammen und brummte: „Dämliche Gans!"

Etwas später erwischte es Mutter in der Toilette. Nur war meine Schwester diesmal völlig unschuldig.

Auf dem Rummelplatz gab es immer so herrliche Plastespinnen. Die waren meist schwarz, hatten etwa sieben Zentimeter Durchmesser und unten im Körper steckte eine einfache Nadel, mit der man die netten Tierchen irgendwo befestigen konnte.

Wir sammelten mit Leidenschaft diese Spinnen, zumal irgendwann auch rote, grüne oder blaue auftauchten. Damit wir auch wirklich etwas vom Anblick unserer Sammlung hatten, steckten wir sie an die sattgelbe Übergardine, die wir ja eh nie zuzogen. Schließlich waren ja außen an den Fenstern schwere Holzrollos, da wir ja direkt an der Dresdner Heide wohnten.

Eines Tages ging Mutter also zur Toilette. An der Wand über dem Knie des Abflussrohres steckte eine dieser schwarzen Spinnen an der Tapete.

Mutter schmunzelte. „Die beiden müssten es doch wissen, dass ich zwar vor Fröschen aber nicht vor Spinnen Angst habe."

Sie bückte sich, um die Spinne von der Wand zu nehmen. Sie hatte mit der Hand schon fast das vermeintliche Kunststofftier erreicht, als es mit blitzartiger Geschwindigkeit an der Wand hinauf und zum offenen Fenster hinaus krabbelte.

Der anschließende „Jubelschrei" war jedenfalls nicht zu überhören gewesen.

Affentheater

Der Morgen war ziemlich hektisch. Die Kinder wurden einfach nicht fertig. Der eine trödelte beim Essen, die andere beim Anziehen. Dabei musste ich auch noch eine ziemliche Strecke mit dem Auto in die Firma fahren, die ein ganzes Stück außerhalb von Dresden lag. Entnervt griff ich endlich meine Tasche und machte mich auf den Weg. Wenigstens kam ich pünktlich an. Ich atmete auf. Schließlich konnte ja nicht alles schief gehen.

Dachte ich. Als ich meinen Morgenkaffee bezahlen wollte, war ich bereits wieder anderer Meinung. Ich hatte mein Portmonee zu Hause liegen lassen und mit ihm alle Papiere, wie Ausweise, Führerschein und, und, und. Na super! Fehlte bloß noch, dass mich auf dem Heimweg die Polizei kontrollieren wollte. Ich malte mir das alles in den schrecklichsten Farben aus. Gegen Mittag kamen einige Monteure vom Einsatz zurück.

„Habt ihr schon gehört? Die Polizei sucht einen flüchtigen Verbrecher. Die haben allerorten Posten stehen und kontrollieren die Autos."

Mir wurde schlecht. Auch das noch! Ausgerechnet heute!

Wir hörten Nachrichten. Es kam noch dicker. Der Flüchtige war in einem roten Neunzehner Renault unterwegs. Ich fuhr ebenfalls einen roten Neunzehner.

Panik!

Zum Feierabend machte ich mich auf den Heimweg. Inständig hoffte ich, dass man den Kerl schon geschnappt hätte.

Pustekuchen. Nach ein paarhundert Metern standen vielleicht zehn Polizisten. Im Schritttempo fuhr ich an die Sperre heran, mir die allerschlimmsten Sachen ausmalend. Nicht forschend, sondern neugierig schauten mir die Polizisten entgegen, hielten mich an, schauten durch die Scheiben, begannen zu lachen und winkten mich weiter. Einer sagte mit grinsendem Gesicht etwas über Sprechfunk durch.

Ich wunderte mich nicht einmal. Ich war heilfroh, so schnell davongekommen zu sein. Etwa einen halben Kilometer weiter, auf derselben Straße, stand die nächste Streife. Als sich mein Fahrzeug näherte, traten sie zu beiden Seiten der Straße nebeneinander, winkten mich langsam heran. Ich dachte: Nun passiert es.

Komisch, auch hier fingen alle an, zu grinsen und ließen mich weiterfahren. Ziemlich irritiert schaute ich mein Gesicht im Rückspiegel an. Vielleicht klebte da irgendwo irgendwas. Nichts. Ich grübelte derart über das Erlebte nach, dass ich mich nicht einmal freuen konnte, ungeschoren davon gekommen zu sein. Warum um alles in der Welt hatten die so gelacht? Ich kam einfach nicht dahinter.

Erst zu Hause, als ich beim Aussteigen nach meiner Tasche vor dem Beifahrersitz griff, traf mich die Erkenntnis.

Dort saß nämlich, seit ich das Auto hatte, ein riesiger Plüschgorilla angeschnallt. Dem hatte ich eine Kunststoffzigarette zwischen die Lippen geklebt, einen Pullover angezogen, eine dunkle Sonnenbrille und ein Basecap aufgesetzt.

Das sah so urkomisch aus, dass sich immer wieder Passanten aussackten vor Lachen, wenn sie auf der Kreuzung an uns vorbei mussten. Den Polizisten war es wohl nicht anders gegangen.

Als der Affe damals die ersten Tage im Auto saß, sprach mich eine Frau aus der Nachbarschaft an: „Sie nehmen wohl ihr dunkelhäutigen Kollegen morgens immer mit auf Arbeit?"

Erst wusste ich gar nicht, was sie von mir wollte, dann begann ich zu lachen. Bei der Hautfarbe konnte das nur ein Schwarzarbeiter sein. Schließlich klärte ich sie auf.

Warum so böse?

Meist holte Opa Frank von der Kinderkrippe ab. Auf dem Heimweg schauten sie Blumen an, beobachteten Tiere und manchmal auch Bauarbeiter. Alles was rollte, hatte es dem Zweijährigen besonders angetan. Und je größer – desto besser. Er hatte von seinem anderen Opa ein Matchbox-Auto geschenkt bekommen. Einen Audi 100. Das konnte er zwar nie richtig aussprechen, aber „Auto Hundi" tat es ja auch.

Das klang für den Kleinen sowieso logischer. Schließlich war es ein Auto und was heißt schon hundert? Unter einem „Hundi" konnte er sich jedenfalls etwas vorstellen. Daher die seltsame Bezeichnung für sein blassgrünes Lieblingsspielzeug.

Heute war ihnen unterwegs zwar keine Baumaschine, dafür aber ein Arbeiter begegnet, der den Weg neu pflasterte. Frank blieb neugierig stehen, um zuzusehen, wie der Mann Stein für Stein in das Sandbett setzte und festklopfte. Präzisionsarbeit. Frank war fasziniert. Er stand ganz still und staunte.

Plötzlich drehte sich der Pflasterer genervt nach ihm um und blaffte: „Ja guck nur. Sieh zu, dass du was Ordentliches lernst."

Frank schaute ihn entwaffnend freundlich lächelnd an. „Onkel, bist du jetzt wieder lieb?"

Wer konnte da noch grollen? Natürlich durfte er weiter zuschauen, solange er wollte.

Ein paar Wochen später zogen wir an die Ostsee. Irgendwie hatte es der „Golfstrom" schon geschafft vor uns da zu sein. Jedenfalls gab es in dem kleinen Nest eine Menge „Westautos", deren Namen sich Frank superschnell merkte. Er hatte seine helle Freude daran, alle möglichen Leute mit seinen Kenntnissen zu verblüffen. So kamen wir wieder einmal vom Strand, wo wir nach einem Sturm Unmengen Donnerkeile, ein paar versteinerte Seeigel und Korallen gefunden hatten, nebst zwei kleinen Feuersteinen, die wie Autos geformt waren und die ich sogar heute noch besitze. Die beiden Autosteine veranlassten Frank, auf den Parkplätzen die Autos zu benennen. Er lief vorbei, zeigte mit der Hand darauf: „Ein roter Wartburg, ein blauer Trabant, ein blauer Golf, ein grüner Saporoshez, ein weißer Lada, ein schwarzer Mazda, ein gelber Oktavia, eine schwarze Mülltonne, ein blauer Trabant..." Na logisch, die Tonne musste aufgezählt werden. Immerhin hatte sie vier Räder. Dann ging es weiter im Autotext.

Das war fast so genial wie in dem Witz, wo ein Mann verfrüht von der Dienstreise kommt und seine Frau nackt im Schlafzimmer trifft. Sie behauptet, nichts anzuziehen zu haben, worauf der Mann die Schranktür öffnet und sagt: „Du hast so viele Kleider: Ein grünes, ein blaues, ein rotes, guten Tag Otto, ein geblümtes, ein schwarzes…"

Einmal war es Frank gelungen, als kleiner Kindergarten-Fratz, an einer Besichtigung des Pieschener Straßenbahndepots in Dresden teilzunehmen. Ich war nicht dabei gewesen und ließ mir hinterher von ihm alles genau erklären. Als Technikfreak hatte er sich jedes Detail gemerkt. Erstaunlich! Nur eins begriff ich nicht. Er sprach immer wieder von einem „Reppertscheck". Wenn ich Genaueres wissen wollte, fragte er mich: „Na kennst du den denn nicht?" Ich verneinte. Frank bedachte mich mit einem Blick, als ob ich nicht wüsste, dass es Sonne und Mond gibt. Mir fiel höchstens Jack the Ripper ein, aber was hatte der mit Straßenbahnen zu tun?
Eines Tages, wir waren wieder nach Dresden zurückgezogen, kamen wir am Straßenbahndepot vorbei. Frank zeigte ganz aufgeregt hinüber und rief. „Na da ist er ja, der Reppertscheck!"
Fragend schaute ich mich um. Endlich fand ich des Rätsels Lösung. Er hatte den Messwagen gemeint, der auf die Gleise geschickt wurde um einen Reparatur-Check zu machen.

Manchmal trieb Franks Technikbesessenheit auch seltsame Blüten. Kaum ging er in die Schule, wünschte er sich einen eigenen Wecker. Den bekam er auch. Es dauerte nicht lange, da ging der Wecker falsch, dann klingelte er nicht einmal mehr.

Seltsam. Mit dem nächsten Wecker war es auch nicht anders. Frank, zutiefst betrübt, bettelte so lange, bis er noch einen Wecker bekam. Einen großen grünen Dinosaurier, in dessen Seite das Uhrwerk steckte. Diesmal schienen wir, eine bessere Qualität erwischt zu haben. Die Uhr hielt die Zeit und der Weckton meldete sich auch jeden Morgen. Eines Tages fiel mir beim Staubwischen auf, dass das Zifferblatt verkehrt herum unter dem Glas steckte. Die Zwölf war unten! Außerdem hatte ich kein Ticken gehört.

Ich hob den Dino an. Da fielen mir auch schon Zahnräder, Federn, Zeiger und was sonst noch in einem Wecker steckt, entgegen. Jetzt erst begriff ich, dass er alle seine Wecker auseinender genommen und nicht wieder richtig zusammengebracht hatte.

Vogelfänger

Unsere Scottish Terrier Hündin saß meist am Gartentor und beobachtete was die anderen Leute so taten. Wenn man sie so sitzen sah, kam man zu der Meinung, sie könne kein Wässerchen trüben. Dabei hatte sie es faustdick hinter den kleinen Stehohren.

Als Welpe war sie eher ein Nagetier, als ein Hund. Was nicht niet- und nagelfest war, schleppte sie fort und alles aus Kunststoff knabberte sie an. Ab und zu ließ eines der Kinder doch einen Faserstift oder irgendein Spielzeug in Reichweite der Hündin liegen. Meist fand man dann nur noch bunte Schnipsel.

Einmal sah, nach so einem Nagetierangriff auf einen Fasermaler, ihr Häufchen wie ein Igel mit bunten Stacheln aus. Ich hätte heulen können. Nicht wegen des Stiftes, sondern weil sich der Hund so den Tod holen konnte.

Am allerliebsten schleppte sie Taschentücher und Socken aus der Wäschetruhe fort. Einmal beobachtete ich sie, wie sie sich als Taschendieb versuchte. Mein Mann saß am Küchentisch und las Zeitung. Aus seiner Hosentasche guckte ein winziger Zipfel vom Taschentuch. Pips schlich sich an und lauerte.

Das Zipfelchen musste doch irgendwie zu kriegen sein. Ganz vorsichtig machte sie Männchen. So reichte sie gerade bis an die Hosentasche heran. Mit den Zähnen zupfte sie unbemerkt am Taschentuch. Machte mein Mann eine Bewegung, wie zum Beispiel beim Umblättern der Zeitung, ließ sie sich flugs auf alle viere sinken und tat völlig unbeteiligt. Kaum saß er wieder still, zupfte sie erneut am Zipfel. So lange, bis sie richtig hinein beißen, mit einem Ruck das Tuch aus der Tasche zerren und mit fliegenden Pfoten in ihre Kuschelecke tragen konnte.

In wenigen Monaten entwickelte sie sich zu einem ordentlichen Kraftpaket, wie es sich für einen richtigen Scotti gehört. Dabei war sie wendig und vor allem blitzschnell. Eben ein richtiger Jagdhund. Zudem konnte sie ewig lange wie eine Statue im Garten zwischen den Beeten sitzen und völlig regungslos auf ihre Chance warten. Unversehens schnappte sie zu und hatte wieder einen Vogel gefangen. Nur gut, dass sie dabei äußerst vorsichtig zu Werke ging. Kaum hatte sie Beute gemacht, kam sie zu mir gerannt und brachte sie mir. Die armen Vögel flatterten natürlich wie die Wilden, um sich aus dem Fang des Hundes zu befreien. Ich sagte dann immer: „Na lass das Vögelchen wieder los."

Pips öffnete das Schnäuzchen, ließ die Piepmätze davon fliegen und atmete tief durch, als wollte sie sagen: Na Gott sei Dank bin ich das Zappelvieh wieder los. Das hielt sie aber nicht davon ab, bei nächster Gelegenheit auch den nächsten Vogel anzuschleppen. Die meisten Ex-Gefangenen waren nach ein bis zwei Stunden wieder da und scharrten weiter nach Würmern. Nur passten sie dann höllisch auf, um nicht noch mal geschnappt zu werden. Außer natürlich die Amseln.

Irgendwie habe ich bei denen ständig das Gefühl, dass im Oberstübchen irgendwas defekt ist. Die sind so doof, dass sie einem schon richtig Leid tun. Egal ob unser Hund oder Nachbars Katze, beim Auftauchen irgendwelcher, größerer Lebewesen bleiben die hocken, als wären sie paralysiert. Ein Wunder, dass diese völlig bekloppten Vögel noch nicht ausgestorben sind. Selbst vor Autos stürzen die sich zu Tode, weil sie einfach die Kurve nicht kriegen.

An meiner Frontscheibe mit viel Glück vorbei und genau dem entgegenkommenden Truck in den Kühlergrill, das sind Amseln. Oder im Spätsommer auf der Landstraße hocken bleiben, nur weil dort ein Erntefahrzeug massenhaft Körner verloren hat. Die Spatzen sind rechtzeitig abgehauen, als ich gefahren kam. Wie viele Amseln ich dort geplättet habe weiß ich nicht. Es waren jedenfalls einige. Das tapfere Schneiderlein hätte seine helle Freude gehabt.

Letztens wäre ich sogar fast über eine Amsel gestolpert. Die hüpfte genau vor mir unter einem Busch hervor. Ich konnte nicht mehr stoppen. Möglicherweise hat sie dann einen blauen Fleck gehabt. Ist wohl nicht ganz angenehm, wenn man so klein ist und einen Schuh mit Fuß drin um die Ohren kriegt. Aber so viel Dummheit ist wirklich kaum auszuhalten.

Pips dachte wohl auch so. Nach einer Weile hörte sie auf, Amseln zu jagen. Das war offensichtlich unter ihrem Niveau. Dafür spezialisierte sie sich auf die pfiffigen, flinken Spatzen.

Manchmal hatten wir, zu unserem eigenen Getier verschiedener Arten, den Wellensittich eines Bekannten in Pflege. Der kleine Flattermann namens „Schnulli" hatte es Pips angetan. Stundenlang konnte sie ihn still beobachten, ohne irgendwelche Anstalten zu machen, ihm ans Leder zu gehen. Auch die Kinder begannen zu betteln, ob sie wieder einen Wellensittich, einen Nymphensittich, Kanarienvogel oder sonst was bekommen könnten.

Am Ende hatten wir „sonst was" und das kam so:

Ich hatte Haushaltstag und war irgendwo zwischen Waschmaschine, Staubsauger und Aquarienfiltern zugange. Der Flur war wahnsinnig lang und breit und deshalb im hinteren Teil auch wie ein zweites Wohnzimmer eingerichtet. Unter anderem hatte Pipsi dort auch ein eigenes großes Sofa. Sie lag schon den ganzen Vormittag auf ihrem Sofa, um mir beim Hin- und Herrennen nicht vor die Füße zu wuseln.

Auf einmal stellte sie die Ohren auf, sprang vom Sofa und huschte zur Wohnungstür, hinter der sie stocksteif sitzen blieb. Auch ich lauschte. Im Treppenhaus spektakelten Vögel. Wieder mal Spatzen, dachte ich und putzte fleißig weiter. Der Krach hörte einfach nicht auf. Normalerweise verzogen sich verirrte Vögel von ganz allein wieder aus dem Hausflur. Irgendwann schaute ich durch den Spion.

Auf dem Handlauf genau vor unserer Wohnungstür saßen zwei Vögel. Etwas größer als Spatzen. Im Gegenlicht war nur nicht genau zu erkennen was es wirklich war. Also öffnete ich die Tür. Die Vögel blieben sitzen. Komisch. Ich ging näher heran, weil ich noch immer nicht wusste, was da eigentlich vor mir hockte. Pips kam mit und wedelte fröhlich mit dem Schwanz.

„Na wie kommt ihr denn hierher?", fragte ich. Auf dem Handlauf saßen zwei Kleinpapageien – Fischers Unzertrennliche.

Die Vögel guckten mich neugierig an, ich guckte neugierig zurück. Schließlich hielt ich ihnen die Hand hin, die beide ohne zu zögern erklommen. Kehrt marsch und ab in die Wohnung. Da stand ich nun mit zwei fremden Vögeln, die sich gleich wie zu Hause fühlten. Ein Häppchen Futter von Schnulli war auch noch da.

Na was denn nun?

Nach langem Grübeln setzte ich sie unter einen Korb aus grobem Geflecht, so dass sie wenigstens herausschauen konnten. Pips saß davor und war selig. Am Nachmittag trudelte langsam die ganze Familie wieder ein. „Ah und Oh! Schööön!", riefen alle durcheinander. „Jetzt haben wir wieder Piepmätze."

Ich lachte. „Langsam, langsam. Erstens gehören sie uns gar nicht. Sicher sucht schon jemand nach ihnen. Zweitens braucht man dafür einen großen Käfig. Und drittens muss jemand die Vögel versorgen. Täglich."

Die Antworten brauche ich sicher nicht nieder zu schreiben. Wenn Kinder etwas haben wollen versprechen sie so beinahe alles.

Zumindest holten wir unseren alten halb verrosteten Wellensittichkäfig aus dem Keller, um die beiden Gäste etwas komfortabler unterzubringen.

Tagelang fragte ich in der Nachbarschaft herum, ob jemand zwei Vögel vermisse. Nichts. Nach acht Wochen bekamen die beiden kleinen Papageien einen riesigen Zimmerkäfig mit Schlafhäuschen und lebten nun dauerhaft bei uns. Pipsi-Hund freute sich genau so sehr wie die Kinder und hörte sogar auf, im Garten die Vögel zu jagen.

Pips hatte noch eine andere Marotte. Für einen echten Terrier gibt es nicht besseres als graben, graben, graben. Nur tat sie das nicht etwa im Garten – nein, nein, sie kratzte in der Wohnung den Putz von der Wand. Dafür hatte sie sich zwei Stellen im Flur ausgesucht. Und nicht etwa aus Langeweile. Sogar mitten im Spiel unterbrach sie manchmal, um eine Runde senkrecht zu buddeln.

Kaum waren die Stellen neu verputzt und trocken ging das Spiel von vorne los. Irgendwann gaben wir auf. Jedem Tierchen sein Pläsierchen. Es sah furchtbar aus, hatte aber eh alles keinen Zweck.

Wir sinnieren manchmal darüber, was wäre gewesen wenn sich unser erster Hund Pips mit unserem zweiten Hund Nigel getroffen hätte. Die beiden hätten sich sicher super verstanden. Die Kleine hätte Unsinn ausgeheckt und der große Arglose dafür den Ärger bekommen, weil er erwischt worden wäre und sie nicht.

Von kleinen Tier- und Menschenkindern
und allem, was sonst noch fleucht und kreucht

Ein Leben ohne Tiere kann ich mir eigentlich nicht vorstellen. Tiere gehören dazu, wie der Punkt auf das i oder der Hintern auf den Nachttopf.

Wobei Geschichten über Nachttöpfe durchaus interessant sein können.

Meine Schwester schnappte sich, als sie noch klein war, ihren Emaille-Nachttopf, kaum dass er voll war und knallte ihn ordentlich auf den Fußboden. Über die Folgen brauch ich sicher nichts zu erzählen.

Oder die Sache mit dem Glasnachttopf.

Die Mutter einer Nachbarin hatte einen dieser wundervollen Glasnachttöpfe mit kunstvoll aufgemalten Blumen in Benutzung. Erklärend muss ich allerdings hinzufügen, dass wir mit einer Handvoll Leuten zu diesem Zweitpunkt wirklich mitten im Wald wohnten und das erste Dorf ein paar Kilometer weg war.

Das Häuschen der Nachbarn war nicht unterkellert und das Plumps-Klo außerhalb des Wohnhauses. Ich, als kleiner Stöpsel von fünf Jahren, interessierte mich natürlich sehr für den Nachttopf, zumal unser Haus schon über ein richtiges WC in der Wohnung verfügte.

Eines Tages war der Nachttopf weg. Das heißt dieser mit den Blumen war weg, dafür stand ein hässlicher weißer Emailletopf unter dem Bett. Ich selber hätte mich nie getraut, zu fragen, wo denn der schöne Topf abgeblieben sei, also schickte ich meine Omi vor und sperrte die Ohren weit auf.

Es war in einer eisekalten Winternacht. Die Schlafzimmer in dem Häuschen waren alle ungeheizt und dicke Eisblumen wuchsen sogar innen an den Fensterscheiben. Irgendwie musste die Omi der Nachbarin auf den Topf und da ist es passiert.

Der Nachttopf hatte den extremen Temperaturunterschied von eiskaltem Fußboden und der Wärme von dem, was die Oma loswerden wollte, nicht überstanden. Er zersprang und die alte Dame saß in den Scherben.

Der Topf hatte aber nicht als einziger den Winter nicht überstanden.

Mein Patenonkel, Alfred, seines Zeichens Revierförster bei uns im Wald, hatte alle Hände voll zu tun, verletzten oder verwaisten Rehen das Leben zu retten. Immer wieder fanden Wanderer oder Waldarbeiter von den Sandsteinfelsen gestürzte Tiere, die er in einem riesigen Gehege gesund pflegte. Zwei der Tiere, ein Bock namens Max und eine Ricke mit Namen Liesel, konnte er nicht mehr auswildern. Also lebten sie dauerhaft genau vor meiner Nase.

Max war ein ganz schlimmer. Außer auf Alfred und meine Schwester, ging er so beinahe auf alles los, was sich in sein Gehege wagte.

Einem Neugierigen, der sich aller Warnungen zum Trotz, auf die Wiese des Rehbocks begeben hatte, schlitzte er mit ganz gezielten Hornstößen die Hosenbeine auf. Bei so einem ausgebufften Bock wie Max war das Gehörn eine wahrhaft furchtbare Waffe.

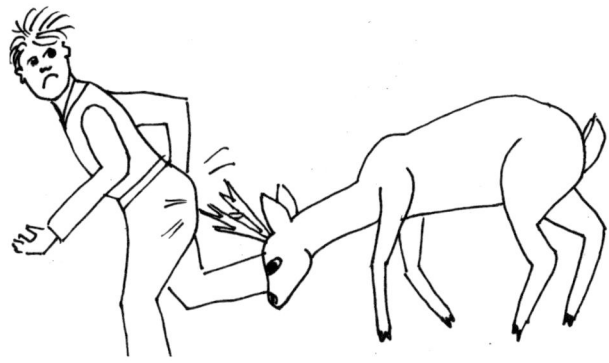

Gamsböckchen Arthur dagegen musste erst noch warten, bis ihm endlich Hörner wuchsen. Seine Mutter war ebenfalls von einem Felsen gestürzt und konnte nicht gerettet werden. Sie wurde zu einem Präparator gebracht und stand dann als Exponat im Hygienemuseum in Dresden. Meine Schwester kümmerte sich rührend um den Kleinen, der später wieder in den Wald zurückkehren konnte. Hin und wieder ließ er sich noch sehen, um eines schönen Tages für immer zu verschwinden.

Verschwinden wollte auch das Schwein eines anderen Nachbarn, als es wohl merkte, dass man es zur Schlachtbank führen wollte. Auf seiner Flucht Hals über Kopf sprang es geradenwegs in ein offenes Teerfass. Du lieber Himmel! War das eine Aufregung! Der Schlachter war also umsonst gekommen, weil man ja das Schwein erst einmal irgendwie wieder aus dem Teer pellen musste. Danach roch es nach allem Möglichen, nur nicht nach Schwein, weil man mit allen möglichen und unmöglichen Mitteln versucht hatte, es wieder sauber zu bekommen.

Ein paar Wochen später musste das arme Schwein dann aber trotzdem noch dran glauben.

Es war eben in doppeltem Sinne ein Pechvogel.

Wie auch der Kreuzschnabel, der eines Tages im Teer kleben blieb. Er wurde kurzerhand in die Familie aufgenommen und täglich sein Gefieder vorsichtig mit Laneu gespült, bis er endlich wieder fliegen konnte.

Der Vogel hatte eben mehr Schwein.

Meine Schwester hingegen hatte etwas vom Schwein, nämlich Andenken in Form mehrer Bündel Borsten. Die hatte sie in eine Schachtel gepackt, welche sie in ihren Schrank stellte. Irgendwann fiel ein ziemlich strenger Geruch im Zimmer auf, den sich niemand wirklich erklären konnte. Das wurde immer schlimmer und schlimmer. Bis die Schachtel als Urheber lokalisiert wurde und heraus kam, dass Karin die Borsten vorher nicht gewaschen hatte und diese nun genüsslich vor sich hin müffelten.

Aber meist herrschte im Kinderzimmer aus anderen Gründen dicke Luft.

Die große Geschwisterliebe begann schon, als ich gerade neu geboren war. Meine Schwester stand dabei, als mich Mutter badete. Der ganze Kommentar lautete: „Die sieht ja aus wie eine tote Gans!"

Aber so richtig ging es erst los, als ich mich mit Worten verteidigen konnte oder auch nicht.

Ich war ungefähr vier, als meine Schwester ständig stichelte: „Das ist mein Vati."

Ich zurück: „Nein das ist mein Vati."

Karin noch mal: „Nein meiner ist es."

Mutter ging dazwischen.

Karin sagte wütend: „Dann ist es eben dein Vati."

Eine ganze Weile war Ruhe. Plötzlich fragte ich: „Und wie heißt dann dein Vati?"

Beim nächsten Mal versicherte sie mir treuherzig, dass man mir in den Kopf geschissen und vergessen hätte umzurühren.

Schon wieder flogen die Fetzen.

Auch wenn es bis hier nicht so geklungen hat, als wir beide irgendwann erwachsen und von zu Hause ausgeflogen waren, vertrugen wir uns wirklich wie Schwestern. Jetzt vergeht kaum eine Woche in der wir uns nicht mindestens dreimal anrufen und noch öfter Emails schicken.

Ich habe mich also auch nicht gewundert, dass irgendwann unser Sohn Frank anfing, seiner kleinen Schwester das Spielzeug aus dem Laufgitter zu nehmen und es so hinzulegen, dass sie durch die Stäbe mit dem Arm nicht heranreichte. Da war sie etwa sechs Monate alt. Diana hat es paar Mal probiert und sich dann einfach dem nächsten Spielzeug, das er ihr noch nicht weggenommen hatte, zugewendet. Einmal allerdings war Frank nicht schnell genug. Diana fasste ihm blitzschnell mit beiden Händen in die Haare, drehte sie ganz langsam herum.

Ich habe es mir verkniffen, dazwischen zu gehen. Jedenfalls hat Frank es von diesem Tag an unterlassen, auf diese Art zu stänkern. Dann kam der Moment, wo Diana aus dem Gitter klettern konnte. Da war sie nicht ganz elf Monate alt. Sie konnte außerdem schon ziemlich flott auf ihren Beinchen durch die Gegend rennen. Auf alle Fälle hat sie Frank sofort jede Boshaftigkeit heimgezahlt, obwohl er fünf Jahre älter ist.

Eines Tages war Diana plötzlich wie vom Erdboden verschluckt. Ich hatte sie zwei Minuten vorher noch im Kinderzimmer gesehen und gehört. Wo konnte der kleine Hosenmatz nur hin sein? Ich rief sie. Da kam sogar eine Antwort. Nur woher? Fünf Minuten später fand ich sie. Sie hockte in Augenhöhe in der Schrankwand!

Wer rechnet schon damit, dass ein Kind von knapp einem Jahr bis in diese Höhen klettert. Ich pflückte sie aus ihrem Versteck und verbot ihr, das noch mal zu machen. Stattdessen übte sie nun an der dicken Teppichklopfstange. Frank war flink oben und winkte ihr zu. Ich dachte mich rührt der Donner, sie schaffte es tatsächlich, nur mit den Händen bis in zwei Meter Höhe zu kommen, an dieser dicken glatten Stange.

Mit anderthalb Jahren war sie kaum noch zu bremsen. Sie fuhr mit ihren Freundinnen Autorennen. Das heißt alle drei Mädels hatten große Plastik-Kipper, auf denen hockten sie, wie die Affen auf dem Schleifstein und donnerten die Wege hinunter.

Ihr Lieblingskleidungsstück zu dieser Zeit – Lederhosen, wie bei mir, als ich so klein war. Dazu flatterte ihr, doch schon recht langer, hellblonder Pferdeschwanz wie eine Fahne hinterher, wenn sie alles platt walzte, was sich ihr in den Weg stellte.

Ein andermal kletterte sie über einen Zaun und fiel direkt in eine Brombeerhecke. Nicht ein einziges Wort der Klage kam über ihre Lippen. Sie hatte sich sogar selber aus ihrer misslichen Lage befreit. Hart im Geben und brutal im Nehmen.

Ein paar Jahre später lernte sie dann mit ziemlichem Erfolg Karate. Frank sagte immer, wenn ihm jemand schräg kam: „Lass mich in Ruhe, sonst hole ich meine kleine Schwester."

Frank war öfter mal richtig frustriert, weil ich den meisten Unfug schon im Keim erstickte, indem ich sagte: „Du brauchst das oder das gar nicht erst zu machen."

Immer kam ein erstauntes: „Och, woher weißt denn du schon wieder, dass ich das gerade machen wollte?"

Ich grinste dann immer von einem Ohr zum anderen: „Hey, du, ich war auch mal in deinem Alter. Ich weiß genau was da abgeht."

Den Blödsinn, den er plante, hatte ich garantiert schon probiert und auch die unausweichlichen Folgen zu spüren bekommen. Es war einfach sinnvoller, gleich die Notbremse zu ziehen. Ich habe genügend Narben und Knochenbrüche, mit den entsprechenden Geschichten dazu, um wirklich Gehör zu finden.

Als Kind war mir kein Baum zu hoch, keine Felsspalte zu breit und kein Wasser zu tief, um nicht wenigstens einmal bis an den Hintern drin gesteckt zu haben. Lederhosen und Gummistiefel – meine Welt.

Mir war nur einmal ein Baum zu dick. Zwar nicht als ich noch klein war, aber man gönnt sich ja sonst nichts.

Ich war etwa sechzehn und kam mit meiner Freundin aus der Stadt. Sie begleitete mich noch ein Stück nach Hause, bis kurz vor den Rand der Dresdner Heide. Am letzten Haus verabschiedete sie sich. Dann drehte sie sich noch einmal um und rief mich. Ich wandte mich ebenfalls um, antwortete, dabei lief ich langsam rückwärts weiter. Der Weg war ja mindestens vier Meter breit. Sie redete und redete und ich hörte zu. Warum begann sie bloß auf einmal so dämlich zu grinsen? Sie rief: „Na dann tschüß!"

Ich drehte mich um und knallte mit dem Kopf frontal an eine tierisch dicke Eiche. Wir mussten beide so lachen, dass ich mich nicht einmal darüber ärgern konnte.

Dafür hatte sich einmal meine Schwester umso mehr über ihre Freundin geärgert, die ein paar Tage bei uns übernachtete. Wütend, wie sie war, schrieb sie mit einem spitzen Bleistift „Marina ist ein Arsch!" auf ein Stück Papier. Als Mutter ein paar Tage später eine neue Decke auf den Tisch legen wollte, guckte sie ziemlich verstört. Tief ins Holz gedrückt stand dort in Schönschrift ebendieser Satz, der uns noch lange an den Besuch von Marina erinnern sollte.

Der Anschiss lauert überall

Haben Sie schon mal mitten in der Nacht das Telefon klingeln hören, sind wie von einer Stahlfeder getrieben aus dem Bett gesprungen, weil Sie dachten, einem Ihrer erwachsenen Kinder sei etwas passiert? Ist mir zweimal so gegangen. Ich raus aus dem Bett – aus dem Hörer quäkte eine Computerstimme: „Sie haben gewonnen … bla, bla, bla." Wutentbrannt knallte ich den Hörer auf. Hat man denn früh halb eins nichts anderes zu tun, als sich solchen Mist anzuhören?

Eines Tages klingelte um diese Zeit das Handy. Ich sprang wieder einmal aus dem Bett, rannte in den Flur, meldete mich.

Am anderen Ende der Funkstrecke sagte eine Stimme, ohne sich vorzustellen, übergangslos: „Wo bist du denn jetzt?"

Ich verdrehte die Augen. „Ich stehe im Nachthemd im Flur und telefoniere."

„Oh Verzeihung, falsch verbunden."

Ich grinste nun doch noch in mich hinein. Wenigstens hatte der nächtliche Störenfried genug Anstand gehabt, sich zu entschuldigen.

Mein Mann leistete sich dafür eine ganz andere Schote, als nachts fremde Leute aus dem Bett zu klingeln.

Er brachte meine Eltern mit deren Auto auf die Insel Rügen. Die Fahrt verlief soweit auch ganz gut und ohne Störungen. Plötzlich ein Stau. So was Blödes aber auch, genau vor der Insel. Volker schaute sich das eine Weile an und kam schließlich zu dem Schluss, dass da wohl eine Veranstaltung sein müsse. Alle standen herum, schwätzten und niemanden schien die Autoschlange sonderlich zu interessieren. Also fuhr er langsam an der Kolonne der Wartenden vorbei. Ganz vorn angekommen ging es aber nun wirklich nicht weiter und er scherte vor den anderen ein. Ein Mann kam auf ihn zu und fragte: „Junger Mann, was denken Sie eigentlich, warum wir hier alle stehen?"

Volker antwortete Schulter zuckend: „Na das weeß ich doch ni."

Bis er auf einmal merkte, dass der Rügendamm für die einfahrenden Schiffe geöffnet worden war.

Alfred, mein Pate, und seine ganze Jagdgesellschaft saßen gemütlich in der Wohnstube des hübschen Umgebindehauses. Sie stießen auf einen wirklichen kapitalen Hirsch an, den sie erlegt hatten. Immer wieder füllte Alma, meine Patin, die Gläser. Irgendwann waren die Flaschen leer und sie eilte in den Keller.

Sie öffnete den Schraubverschluss der nächsten Schnapsflasche, schenkte aus. Die wackeren Jäger prosteten sich zu, kippten auf Ex – dann versteinerten plötzlich ihre Gesichter. Fast gleichzeitig sprangen sie auf und rannten zum Waschbecken, um den Wassermännern ein Opfer zu bringen.

Entweder hatte Alma in der Eile die Etiketten nicht gelesen, vielleicht war auch gar keins an der Flasche, der vermeintliche Schnaps jedenfalls war selbst gemachter Essig gewesen.

Mein Vater und Alfred waren wieder einmal gemeinsam auf der Jagd. Jeder suchte sich einen Baum, von dem aus er gute Sicht auf die kleine Lichtung hatte.

Plötzlich fiel meinem Vater ein Fichtenzapfen auf den Hut. Eigentlich nicht völlig ungewöhnlich, so mitten im Wald. Kurz darauf kam wieder einer und noch einer.

„Alfred, lass den Unsinn", raunte Vater ungehalten.

Alfred hob fragend die Augenbrauen und zuckte mit den Schultern.

Da klatschte schon der nächste Zapfen auf Vaters Kopf. Ein Blick nach oben brachte schließlich Klarheit. Über ihm saß ein Sperlingskauz, der die Zapfen herunterwarf.

Im Gegensatz zu Nigel, den Wasser magisch anzieht und der für sein Leben gern schwimmt, konnte Pips Wasser nicht ausstehen. Eines schönen Tages fuhren wir in Familie mit einer lieben Bekannten und deren Familie an den Senftenberger See. Die Hunde beider Familien waren vom ersten Augenblick an ein Herz und eine Seele.

Alle bliesen ihre Luftmatratzen auf, paddelten damit auf dem See herum oder lagen am Strand in der Sonne. Ich hatte Pips mit auf meine dicke Kastenluftmatratze genommen. Wir beide schipperten ebenfalls ein ziemliches Stück vom Ufer entfernt herum, als auf einmal Luft entwich. Zuerst fiel es mir nicht auf, bis ich plötzlich in einer Kuhle lag. Pips wurde unruhig. Schnell machte ich mich auf den Weg zurück zum Ufer, indem ich schwamm und die Matratze vor mir her schob. Immer schneller fiel die Matratze zusammen.

Schließlich hockte Pips missmutig auf dem äußersten Ende, das noch nicht unter Wasser lag. Dann hatte sie den Kanal voll, sprang ins Wasser und schwamm in Windeseile an Land. Den Rest des Tages lag oder saß sie zwischen den Büschen am Ufer und war einfach nicht mehr dazu zu bewegen, auch nur in die Nähe des Wassers zu gehen. Da halfen auch die leckersten Schmeckerchen nicht mehr. Pips schmollte.

Eines Tages bauten meine Eltern ein Wochenendhäuschen. Ich fand das als Kind sehr spannend. Gern reichte ich meinem Vater Nägel und Schrauben zu. Es faszinierte mich, wie aus ein paar Brettern ein richtiges Haus entstand. Im Moment bestand das Haus erst einmal nur aus Pfosten und einem festen Bretterboden – und einer Tür.

Abends schlüpften wir auf dem Bretterboden in unsere Schlafsäcke. Über uns der weite Himmel, nicht eine Wand zwischen den Pfosten, aber die Tür wurde zugeschlossen.

Später, als das Häuschen stand, kamen sogar manchmal die Tiere des Waldes bis vor unsere Türschwelle. Zur Toilette mussten wir ein paar Meter hinter das Häuschen gehen. Dort stand unser alter Hühnerstall, der zu zwei Dritteln als Schuppen und einem Drittel abgeteilt als Toilette fungierte.

Die Sitzplatte des Plumpsklos war Naturholz und lackiert, die Balken der Wände trugen noch ihre Rinde. Natürlich waren überall Spalten, der Wind blies herein, aber wir hatten sogar eine Gardine vor dem kleinen Fenster.

Obendrein dekorierten wir das Stille Örtchen mit lustigen Sprüchen und Bildern, die wir aus allen möglichen Illustrierten ausschnitten und einfach mit Kittifix oder Duosan anklebten.

Ziemlich spät abends musste meine Schwester zum stillen Örtchen. Ganz vorsichtig schloss sie die Tür des Häuschens auf, um Vater nicht zu stören, der offensichtlich schon schlief. Langsam öffnete sie sie und wollte hinaus schlüpfen, als etwas genau vor ihr ziemlich laut bellte. Mit dem Schrei: „Huh, ein Wildschwein!", sprang sie zurück ins Haus.

„Dumme Gans, seit wann bellt denn ein Wildschwein?", meldet sich Vater aus seinem Bett.

In ihrem großen Schreck hatte sie völlig vergessen, dass Vater geschlafen hatte und auch, dass nur Rehböcke solch bellende Laute von sich gaben. Der Bock war offensichtlich genau so erschrocken wie Karin, denn er schimpfte noch bestimmt eine halbe Stunde vor sich hin, während er langsam über die Wiesen davon trabte.

Als unser Schuppen noch Hühnerstall war, beherbergte er, neben vielen anderen weißen Leghorn-Hühnern, auch unsere Lieblingshenne „Amanda". Selbige war leicht gehbehindert, trieb sich lieber in unserer Nähe, als bei dem anderen Federvieh herum.

Setzte sich jemand auf eine der Bänke vor dem Haus, kam Amanda, setzte sie sich dazu und ließ sich streicheln. Böse Zungen behaupteten, sie wäre ein mitteldeutsches Hanghuhn mit einem langen und einem kurzen Bein, das man früh an den Berg setzt und das abends, wenn es einmal um den Berg gelaufen ist, an der gleichen Stelle ankommt.

Sowohl die Zutraulichkeit, als auch die Gehbehinderung wurde der armen Henne zum Verhängnis, als sich einmal nachts ein Marder in unseren Stall schlich und sie dahinmordete.

Dafür hätte er eigentlich den Mard(t)erpfahl verdient gehabt.

Egal, eines Tages brach ihm seine Fressgier auch so das Genick. Meine Großmutter und Onkel Alfred, dessen Hühner das freche Biest ebenfalls öfter heimgesucht hatte, stellten ihm gemeinsam eine Falle. Dann war es aus mit der Marderei.

Mit Fressgier hatte ich als kleines Kind ja nun wirklich nichts am Hut. So wandelte ich in der ersten Klasse mein Geld, welches für Essenmarken für das Mittagessen bestimmt war, mit schöner Regelmäßigkeit in Sparmarken für das Sparbuch um. Es dauerte eine Weile bis meine Mutter dahinter stieg.

Bei der Gelegenheit steckte ihr dann meine Klassenlehrerin auch noch, dass ich mich jeden Tag mit den Worten verabschiedete: „Auf Wiedersehen, ich komme morgen nicht mehr."

Allerdings wartete ich damit immer bis alle Klassenkameraden das Zimmer verlassen hatten. Sie hätten es ja sowieso gemerkt, wenn ich am nächsten Tag nicht mehr da gewesen wäre. Hat aber irgendwie nicht ganz funktioniert.

Etwas anderes funktionierte dafür umso besser. Es war noch während der Kindergartenzeit. Wir gingen meist auf den breiten Wegen zwischen den Feldern und Weiden spazieren. Irgendwie wollten wohl einige nicht spuren und so mussten wir uns, immer vier Kinder nebeneinander, anfassen.

Die Erzieherin ermahnte uns, wie bei jedem Spaziergang: „Seid vorsichtig, kommt nicht an die Weidezäune, da ist Strom drin."

Nun ist es aber fast immer so, dass das, was man vehement verboten bekommt, die meiste Neugier weckt. Also schnappte sich der Junge, der dem Zaun am nächsten lief, einen langen Grashalm mit dem er den Draht entlangfuhr, während wir zum Kindergarten zurückgingen. Wir hatten alle vier etwas von seinem Experiment.

Aus Groll haben wir den ganzen Nachmittag nicht mehr mit ihm gespielt. Es hat nicht viel genutzt. Ein paar Tage später pullerte er heimlich an den Draht. Bei dem plötzlichen einsetzenden Gebrüll war es dann keinesfalls mehr heimlich. Manche lernen es eben nie. Würde mich nicht wundern, wenn er irgendwann Elektriker geworden wäre. Dann könnte er täglich singen: tausendmal berührt …

Beobachten Sie einmal ganz genau Ihre Kinder, Ihre Bekannten oder sich selbst. Sie werden erstaunt sein, welch verrückte Geschichten das Leben so schreibt.

Reni Dammrich (Pseud. Sina Blackwood)

1962 in Sebnitz geboren, verbrachte ich meine frühe Kindheit inmitten der Natur. Das hat mich geprägt, spiegelt sich auch in meinen Werken wider.

Durch den Umzug unserer Familie nach Dresden entdeckte ich meine Liebe zu Museen und Kunstsammlungen. Nach der EOS (heute Gymnasium) und der Lehre zur Wirtschaftskauffrau im Einzelhandel verschlug es mich für einige Jahre an die Ostsee.

Inspiriert durch die Schönheit der Landschaft begann ich mit dem Schreiben – und hörte nicht mehr auf.

Bis 2017 veröffentlichte ich über 30 Bücher, sowie zahlreiche Kurzgeschichten in Anthologien und Online-Magazinen.

Seit 2016 bin ich auch als Herausgeberin tätig.

Ich präsentiere meine Bücher auf Messen und ziehe seit 2015 mit meiner „Kettenhemd"-Lese-Show durch die Lande.

Seit dem Jahr 1996 lebe ich in Chemnitz.

Ich bin Mitglied im Freien Deutschen Autorenverband und der Künstlervereinigung fundus artifex.

Aktuelles ist auf meiner Homepage zu finden:
http://www.reni-dammrich-geschichtenzauber.de/